V&R

Dienst am Wort

Die Reihe für Gottesdienst und Gemeindearbeit

116
Das Vaterunser

Vandenhoeck & Ruprecht

Das Vaterunser

Eine Gottesdienstreihe

Von
Alexander Prieur

Vandenhoeck & Ruprecht

Bibliographische Information der Deutschen Nationalbibliothek

Die Deutsche Nationalbibliothek verzeichnet diese Publikation in der Deutschen Nationalbibliographie; detaillierte bibliographische Daten sind im Internet über http:/dnb.d-nb.de abrufbar.

ISBN 978-3-525-59523-7

Umschlagabbildung:
yearning3
Quelle: Krippels, www.meinekunst.net

© 2008, Vandenhoeck & Ruprecht GmbH & Co. KG, Göttingen.
Internet: www.v-r.de
Alle Rechte vorbehalten. Das Werk und seine Teile sind urheberrechtlich geschützt. Jede Verwertung in anderen als den gesetzlich zugelassenen Fällen bedarf der vorherigen schriftlichen Einwilligung des Verlages. Hinweis zu § 52a UrhG: Weder das Werk noch seine Teile dürfen ohne vorherige schriftliche Einwilligung des Verlages öffentlich zugänglich gemacht werden. Dies gilt auch bei einer entsprechenden Nutzung für Lehr- und Unterrichtszwecke.
Printed in Germany.
Satz: weckner media+print GmbH, Göttingen
Druck und Bindung: ⊕Hubert&Co, Göttingen

Gedruckt auf alterungsbeständigem Papier.

Inhalt

Vorwort 7

Die Anrede	*Vater unser im Himmel*	9
Die erste Bitte	*Geheiligt werde dein Name*	19
Die zweite Bitte	*Dein Reich komme*	29
Die dritte Bitte	*Dein Wille geschehe wie im Himmel so auf Erden*	39
Die vierte Bitte	*Unser täglich Brot gib uns heute*	51
Die fünfte Bitte	*Vergib uns unsere Schuld*	61
Die sechste Bitte	*Führe uns nicht in Versuchung*	73
Die siebte Bitte	*Erlöse uns von dem Bösen*	83
Mt 6,5–6	*Das ganz auf Gott ausgerichtete regelmäßige Gebet*	93
Mt 6,7–8	*Gott weiß, was wir bedürfen, ehe wir ihn bitten*	105
Lk 11,5–10	*Ermunterung zum Beten*	115

Vorwort

„Herr, lehre uns beten", wird Jesus von einem seiner Jünger gebeten (Lukas 11,1). Darauf schenkte Jesus seinen Jüngerinnen und Jüngern und mit ihnen der gesamten Christenheit das Vaterunser. Dieses Gebet will weder das persönliche Gebet mit selbst formulierten Worten noch andere übernommene Gebete ersetzen. Von Jesus etwa wissen wir, dass er sowohl mit den biblischen Psalmen gebetet hat als auch mit eigenen Worten. Und die Christenheit hat es von Anfang an nicht anders gemacht. Dennoch hat sie auch an und mit dem Vaterunser beten gelernt. Bis heute ist dieses Gebet deshalb „das Gebet des Herrn" und das Gebet der Christenheit geblieben.

In dem Kirchspiel, in dem ich als Pfarrer tätig bin und zu dem die evangelisch-lutherischen Kirchengemeinden Cölbe-Bürgeln und Marburg-Bauerbach gehören, haben wir im Jahre 2005 acht Gottesdienste zu der Anrede und den einzelnen Bitten des Vaterunser und im Jahr 2007 drei Gottesdienste zu den biblischen Rahmentexten des Vaterunser gefeiert.

Die Liturgien, die sich an der Ordnung der evangelischen Kirche von Kurhessen-Waldeck orientieren, und Predigten dieser Gottesdienste werden in leicht überarbeiteter Fassung hier vorgestellt. Sie sind in sich abgeschlossen und deshalb nicht an die Reihenfolge der Bitten des Vaterunser gebunden, zumal die Gottesdienste auch nicht alle in der hier dargebotenen Reihenfolge gefeiert wurden. Sie möchten einzig der Absicht dienen, das Gebet Jesu besser zu verstehen und bewusster zu beten und so an und mit diesem Gebet das Beten zu lernen. Wenn die folgenden Seiten ein wenig dazu beitragen können, ist ihr Ziel erreicht.

Bürgeln, im November 2007

Alexander Prieur

Die Anrede

Vater unser im Himmel

ORGELVORSPIEL

LIED
   Komm, Heiliger Geist (EG 156)

Votum und Begrüßung

Im Namen des Vaters und des Sohnes und des Heiligen Geistes. Amen.
   Wir feiern Gottesdienst. Wir sind zusammengekommen, damit Gott mit uns reden kann und wir mit Gott reden können. Mit Gott reden, das nennen wir auch beten. Und Beten geschieht nicht nur im Gottesdienst, sondern auch in vielen Situationen unseres Alltags. Wir beten mit selbstformulierten Worten aber auch mit uns vorgegebenen Gebeten, insbesondere mit dem Vaterunser.
   Um das Vaterunser soll es heute in diesem Gottesdienst und in einigen weiteren Gottesdiensten gehen, die wir in den nächsten Wochen und Monaten hier feiern werden. Wir sind eingeladen, diesem zentralen Gebet der Christenheit, das Jesus

uns geschenkt hat, nachzuspüren und etwas von seiner Tiefe und seinem Reichtum zu entdecken. Alle Lieder, Gebete, Texte und Lesungen dieses Gottesdienstes wollen uns dabei helfen.

EINGANGSLIED
   Gott ist gegenwärtig (EG 165,1–2.4.6.8)

PSALM 103[1] (im Wechsel zwischen Liturg und Gemeinde)
   Gemeinde: Ehr´ sei dem Vater (Gloria patri)

Aufforderung zum Bittruf (Kyrie)

Gott wartet auf unser Gebet.
Aber wir wissen meist nicht,
wie oder was wir beten sollen.
Auch beim Vaterunser ist unser Herz oft nicht bei dem,
was wir mit Worten sprechen.
Wir brauchen Gottes Erbarmen und rufen:

Gemeinde: Herre Gott, erbarme dich (Kyrie)

Aufforderung zum Lobpreis (Gloria)

Gott hört uns,
wenn wir zu ihm beten.
Er versteht unsere Gedanken,
auch wenn wir mit unseren Worten nur stammeln.
Unser Vater im Himmel hat alle Zeit für uns offene Ohren.
Ihn loben wir und singen:

Gemeinde: Ehre sei Gott in der Höhe (Gloria)

---

1 Der Psalm findet sich mit unterschiedlicher Zählung in allen Regionalteilen des Evangelischen Gesangbuches. In den Regionalteilen Bayern/Thüringen und Mecklenburg sind allerdings nur die ersten zwölf Verse in Auswahl aufgenommen. Der Psalm sollte aber auf jeden Fall bis V13 gebetet werden.

Eingangsgebet

Gott, unser himmlischer Vater, als deine Kinder kommen wir im Gebet zu dir, um dir zu danken für all deine Liebe, die du uns täglich zuwendest.

Wir kommen auch zu dir, um dich um dein Erbarmen zu bitten, auf das wir so sehr angewiesen sind.

Und, lieber Vater im Himmel, vor dich treten wir im Gebet mit unseren Sorgen und Freuden, um uns von dir trösten zu lassen und dir die Ehre zu geben, die dir gebührt.

Gib uns deinen Geist, der uns das Beten lehrt, das uns im Alltag aber auch in der Kirche oft so schwer fällt.

Das bitten wir im Namen deines Sohnes, Jesus Christus, der in der Einheit mit dir und dem Heiligen Geist alle Zeit ein offenes Ohr für uns hat, heute und in Ewigkeit.

Gemeinde: Amen

SCHRIFTLESUNG
Lukas 15,11–32

Gemeinde: Halleluja

GLAUBENSBEKENNTNIS

LIED
Entweder Dir, dir, o Höchster will ich singen
(EG 328,1.5–7)
Oder aus den Regionalteilen des Evangelischen
Gesangbuchs:[2] Wir strecken uns nach dir

---

2 Bayern/Thüringen: 642; Hessen-Nassau und Kurhessen-Waldeck: 625; Reformierte Kirche und Rheinland/Westfalen/Lippe: 664.

Predigt

Liebe Gemeinde!

„Beten ist eine der zentralen Lebensäußerungen von uns Christen!" – „Beten kann die Welt verändern!" – „Beten heißt: Reden mit Gott und auf ihn hören." – „Im Gebet begegne ich dem Herrscher unserer Welt." – „Wer betet, dringt direkt zum Herzen Gottes vor."

Solche und ähnliche Spitzensätze über das Gebet haben wir vielleicht alle schon einmal gehört. Sie klingen so groß und gewaltig, dass wir vor ihnen erschrecken können. Zumindest stimmen sie nur selten mit unserer eigenen Erfahrung überein. Denn unsere Erfahrung mit dem Gebet ist doch, dass wir uns damit schwer tun. Im Gottesdienst, wo wir Zeit und Ruhe haben und die Pfarrerin oder der Pfarrer stellvertretend für die anwesende Gemeinde ein Gebet sprechen, können wir vielleicht mit unseren Gedanken und unserem Herz einstimmen. Aber im Alltag, im ganz konkreten Leben, haben wir mit dem Gebet so unsere Schwierigkeiten.

Da können wir dann schon eher dem Apostel Paulus zustimmen, wenn er schreibt: „Wir wissen nicht, wie wir beten sollen." Und allenfalls wenn Krankheit, Gefahr oder gar der Tod uns bedrohen, können wir auch in unserem Leben die Wahrheit der Lebensweisheit wiederfinden, die da lautet: „Not lehrt beten."

Beten, das Reden mit Gott, ist uns fremd geworden. Da gibt es Konfirmandeneltern, die haben seit Jahren nicht mehr mit ihren Kindern zuhause gebetet. Schon oft haben mir Konfirmanden erzählt: Wenn sie beten würden, dann allenfalls, wenn sie bei der Oma zum Essen eingeladen wären, denn die Oma würde ja vor dem Essen noch ein Tischgebet sprechen. Zuhause würden sie das nicht tun.

Das Beten ist uns fremd geworden. Es gibt Menschen, die sich Christen nennen und die weder außerhalb der Kirche noch wenigstens eine Stunde in der Woche in der Kirche beten. Das ist ungefähr so, als wenn man verheiratet ist und nie mit dem Ehepartner spricht.

Das Beten ist uns fremd geworden. Und das gilt auch für das zentrale Gebet der Christenheit: das Vaterunser. Es gibt einige wenige Kinder, die können es auswendig, weil sie es mit den Eltern abends am Bett gebetet haben oder am Sonntag im Kindergottesdienst. Aber insgesamt ist das eher die Ausnahme. Das ist schade. Denn im Gebet und ganz besonders im Vaterunser liegt eine Kraftquelle für unser Leben verborgen, die wir nicht ungenutzt lassen sollten. Ich möchte deshalb heute und an einigen weiteren Sonntagen gerne einzelne Sätze des Vaterunser mit Ihnen bedenken, damit sich uns vielleicht die Kraft erschließt, die in diesem Gebet steckt.

Dabei sollte man sich freilich vor einem Missverständnis hüten: Die Kraft des Gebets und die Kraft des Vaterunsers erschließen sich nicht automatisch. Sie alle kennen aus Fernsehfilmen die Unsitte früherer römisch-katholischer Beichtpraxis, wo dem Beichtenden zehn oder zwanzig Vaterunser als Buße auferlegt wurden. Und Ähnliches gibt es natürlich auch in unserem evangelischen Volksglauben, wo man meint, in bestimmten Situationen müsste man ein Vaterunser „sprechen". Das ist natürlich ein absolutes Missverständnis dessen, worum es beim Beten des Vaterunser geht. Es geht nicht darum, es aufzusagen oder zu sprechen, als einen religiösen Ritus oder eine religiöse Pflicht, die es zu erledigen gilt, damit die Welt wieder in Ordnung ist. Sondern es geht darum, das Vaterunser aus tiefem Herzen zu beten. „Gib, dass nicht bet allein der Mund, / hilf, dass es geht von Herzensgrund", dichtet Martin Luther (EG 344,1). Und jeder, der das einmal versucht hat, weiß, wie schwer das ist, und dass es selten, vielleicht sogar nie ganz gelingt.

Aus tiefem Herzen kann man im Sinne Jesu das Vaterunser aber nur beten, wenn man auch versteht, was man betet. Versuchen wir deshalb, uns dem Vaterunser zu nähern, indem wir heute die Anrede bedenken: *Vater unser im Himmel.*

Schon das erste Wort dieses Gebets, die Anrede Vater, ist beachtenswert. Denn immerhin reden wir mit Gott. Immerhin reden wir mit dem, der die ganze Welt erschaffen hat. Immerhin reden wir mit dem, der Leben und Tod in seiner

13

Hand hat, der Kriege steuern und Unglück wehren kann, der aber zugleich die Erde beben und Wasser in großen Fluten über die Ufer treten lässt. Gott kann vernichten und zerstören, heilen und neu schaffen, zu Boden reißen und aufrichten. Gott regiert die Welt in seinem fürchterlichen Zorn und seiner großen Gnade, mit entsetzlichen Strafen und voll liebevoller Barmherzigkeit. Gott ist der Allmächtige. Und er ist allmächtig in seinem Können und Tun, in seiner Liebe und Gnade.

Und Jesus sagt uns nun: Wenn Ihr zu Gott betet, zum Allmächtigen, zum Schöpfer des Himmels und der Erde, dann redet ihn an mit *Vater*. Sagt zu ihm „Abba", was so viel heißt wie „Papa", „lieber Vater". Sprecht mit dem allmächtigen Gott so wie ein Kind mit seinem Vater: so vertrauensvoll und in dem Gefühl der Geborgenheit.

Viele tun sich heute freilich schwer mit dieser Anrede Gottes als Vater. Und das ist auch leicht verständlich. Denn wir können diese Anrede auch missverstehen. In unserer von Männern bestimmten Tradition hat man immer wieder gemeint, Jesus wolle hier sagen, Gott sei ein Mann. Aber das ist Blödsinn. Gott ist kein Mann! Gott ist Gott! Gott ist auch keine Frau. Gott ist Gott. Heiden haben männliche Götter und weibliche Göttinnen. Juden und Christen nicht. Gott ist nicht männlich oder weiblich. Er ist göttlich.

Doch wir als Menschen können von und zu Gott nicht anders reden als mit Bildern und Vorstellungen aus unserer menschlichen Vorstellungswelt. Schon das Alte Testament vergleicht Gott deshalb mit einem Vater: „Wie sich ein Vater über Kinder erbarmt, so erbarmt sich der Herr über die, die ihn fürchten", heißt es im 103. Psalm. Aber die Propheten können von Gott in gleicher Weise reden, indem sie ihn mit einer Mutter vergleichen. So sagt einer der Propheten im Namen Gottes über sein Volk: „Ich will ihre Kinder auf dem Arm tragen, auf den Knien will ich sie liebkosen. Ich will euch trösten, wie einen seine Mutter tröstet." (Jesaja 66,12b–13)

Wer von uns also Schwierigkeiten hat, Gott mit Vater anzureden, wie wir es in unserer von Männern geprägten

Tradition gewohnt sind, der oder die kann genauso gut „Mutter unser" sagen. Das ist genauso richtig oder falsch wie „Vater unser", solange wir uns bewusst sind: Wir reden hier mit menschlichen Bildern von und zu Gott.

Es gibt allerdings auch noch andere Gründe, warum es schwer fallen kann, Gott als Vater anzureden. Und das sind Erfahrungen, die wir vielleicht mit dem eigenen Vater oder mit dem Vater anderer gemacht haben. Es gibt nicht wenige Väter, die sind ungerecht, brutal, häufig betrunken, lieblos und ganz und gar gottlos. Andere sind lediglich gefühllos, haben nie Zeit für ihre Kinder und empfinden sie eher als eine Last, für die die Mutter zuständig sein soll. Wenn wir solche Vatererfahrungen gemacht haben, können wir Gott nicht im Sinne Jesu mit Vater anreden. Wir müssen dann andere Namen finden.

Ob wir nun Gott als Vater anreden oder ob wir andere Bilder oder Namen für Gott suchen, auf jeden Fall ist es wichtig zu entdecken, was Jesus meinte, wenn er uns lehrt, zu Gott als unserem Vater zu beten:

Zunächst können wir uns hier an das Gleichnis vom verlorenen Sohn erinnern, auf den sein Vater sehnsuchtsvoll wartet und den er liebevoll in die Arme nimmt, als er endlich zu ihm zurückkehrt. Wie dieser Vater, so hat es Jesus uns gelehrt, so ist Gott. So wartet er, dass wir uns an ihn wenden. So freut er sich, wenn wir zu ihm zurückkehren. So nimmt er uns auf, egal was vorher gewesen ist. So vergibt er uns, weil im Unterschied zum älteren Bruder im Gleichnis bei ihm Gnade vor Recht ergeht. Gott ist wie dieser Vater, der sich liebevoll seinem verlorenen Sohn zuwendet. Und das ist das Vaterbild, das Jesus vor Augen steht, wenn er uns lehrt zu beten: *Vater unser im Himmel.*

An einer anderen Stelle sagt Jesus, dass Gott wie ein Vater ist, der seinen Kindern gute Gaben gibt, wenn sie ihn darum bitten (Matthäus 7,11). Ja mehr noch: Jesus sagt: Unser Vater im Himmel weiß, was wir brauchen, längst bevor wir darum gebeten haben (Matthäus 6,8). So sehr sorgt er sich um uns! So sehr liegen wir ihm am Herzen!

Von daher hat Luther in seinem kleinen Katechismus völlig recht: „Gott will uns locken, dass wir glauben sollen, er sei unser rechter Vater und wir seine rechten Kinder, auf dass wir getrost und mit aller Zuversicht ihn bitten sollen wie die lieben Kinder ihren lieben Vater." Und weil Gott wie so ein liebevoller und gütiger Vater ist, der sich uns zuwendet, der weiß, was wir brauchen, und der unser Bitten gewiss hören wird, deshalb sollen und können wir beten: *Vater unser im Himmel.*

Beachtenswert ist auch das zweite Wort dieses Gebets, das Wort unser. Jesus hätte uns ja auch lehren können: „*Mein* Vater im Himmel". Wenn er selbst mit Gott, seinem Vater, gesprochen hat, dann hat er häufig so gebetet. Und wenn wir daheim oder unterwegs für uns alleine mit Gott reden, dann dürfen wir auch so beten: „Mein Vater im Himmel" oder „lieber Vater im Himmel". Aber mit diesem Gebet, dem Vaterunser, ist das anders. Dieses Gebet betet die ganze Christenheit auf Erden. Wenn wir dieses Gebet beten, dann stehen wir nicht allein vor Gott, sondern dann sind wir verbunden mit allen anderen Christen auf Erden. Und mit ihnen gemeinsam sprechen wir *Vater unser.*

Das ist freilich noch einmal etwas anderes, als wenn wir uns mit allen Menschen verbunden wissen als Geschöpfe Gottes und zu Gott beten: „Gott, Schöpfer des Himmels und der Erde." Zu Gott als Schöpfer können alle Menschen beten. Zu Gott als Vater beten wir Christen hingegen, weil wir Kinder Gottes sind. Und Kinder Gottes sind wir, weil Jesus uns zu diesen Kindern gemacht hat. Kinder Gottes sind wir, weil wir getauft wurden und (!) weil der Heilige Geist uns den Glauben an Gott, den Vater, und an Jesus, den Sohn, geschenkt hat. Und das unterscheidet uns von allen Nichtchristen. Das unterscheidet uns auch von denen, die sich Christen nennen, aber in deren Leben nichts vom christlichen Glauben sichtbar wird. Die Bibel sagt: Nur wer sich vom Geist Gottes treiben lässt, nur wer sein Leben ganz und gar von Gott bestimmen lässt, der ist Kind Gottes und der kann zu Gott rufen „Abba, lieber Vater" (Römer 8).

Mit allen Kindern Gottes, mit allen Christen sind wir verbunden, wenn wir beten *Vater unser*. Dann beten wir nicht allein. Sondern dann sind andere da, die Gott zu seinen Kindern gemacht hat, und dann ist Jesus, der Sohn Gottes, selbst da, der uns dieses Gebet gegeben hat. Mit Jesus und mit den anderen Kindern Gottes, mit unseren Schwestern und Brüdern im Glauben, beten wir gemeinsam „Vater *unser* im Himmel".

Ein letztes: Was meinen wir eigentlich damit, wenn wir sagen: *im Himmel.* Nun zunächst einfach dies, dass Gott, unser himmlischer Vater, von unserem irdischen Vater unterschieden ist. Wo aber ist der Himmel, in dem Gott ist? Die Antwort kann nur lauten: Nicht oben in den Wolken, sondern immer ganz in unserer Nähe. Der Himmel, in dem Gott ist, umgibt uns von allen Seiten. Auch das gehört ja zum biblischen Gottesbild unaufgebbar hinzu: Gott ist uns so nahe, wie nichts und niemand sonst. Deshalb dürfen wir, wenn wir beten, immer ganz gewiss sein: Gott hört uns, denn unser himmlischer Vater umgibt uns von allen Seiten.

Kann es für uns Christen etwas Schöneres geben, als dies zu wissen: Gott hat uns zu seinen Kindern gemacht; er ist für uns wie ein liebevoller Vater, der es gut mit uns meint, der weiß, was wir brauchen, noch bevor wir ihn darum bitten, und der unser Gebet erhört, wie ein Vater die Bitten seiner Kinder hört, und der uns als himmlischer Vater alle Zeit ganz nahe ist? Von solch einem himmlischen Vater dürfen wir uns in der Tat wie seine lieben Kinder locken lassen und beten: *Vater unser im Himmel.* Amen.

LIED
    Nun lasst uns gehn und treten (EG 58,1.4–8.11)

Fürbittengebet

Gott, unser Vater im Himmel,
du hast uns zu deinen Kindern gemacht und willst,
dass wir uns täglich von dir locken lassen,

um dir unsere Freuden und Sorgen,
unseren Dank und unsere Bitten anzuvertrauen.
Von deiner väterlichen Güte und mütterlichen Liebe leben wir.
Wir bitten dich für deine Kirche,
dass sie im Gebet vor dir bleibt
und von deinem Wirken alles erwartet.

Jesus Christus, du Sohn Gottes,
deine Stimme hören wir klar und eindringlich.
Du lehrst uns beten,
denn wir wissen von uns aus nicht,
wie und was wir beten sollen.
Wir bitten dich für alle,
die sich Christen nennen und deinen Namen tragen,
dass sie den Kontakt zu dir nicht verlieren,
sondern mit dir und allen Kindern Gottes auf Erden
unseren himmlischen Vater anrufen.

Gott, Heiliger Geist,
dein Wirken ergreift uns geheimnisvoll.
Wir bitten dich um deine Kraft
für die Gemeinschaft der Christen in der Welt.
Hilf unserer Schwachheit auf
und stärke alle Mühe um das tägliche Gebet,
dass nicht nur bet allein der Mund,
sondern dass es geht von Herzensgrund.

STILLES GEBET

VATERUNSER

SCHLUSSLIED
    Vater unser im Himmelreich (EG 344,1)

SEGEN

ORGELNACHSPIEL

Die erste Bitte

Geheiligt werde dein Name

ORGELVORSPIEL

LIED
    Komm, Heiliger Geist (EG 156)

Votum und Begrüßung

Im Namen des Vaters und des Sohnes und des Heiligen Geistes. Amen.

    In unserer Gottesdienstreihe über das Vaterunser geht es heute um die erste der sieben Bitten: „Geheiligt werde dein Name." Warum fängt Jesus sein Gebet gerade mit dieser Bitte an? Was heißt das eigentlich, dass Gottes Name geheiligt werde? Wie kann das in unserem ganz persönlichen Leben, im Leben unserer Kirche und im Leben unserer Welt sichtbar werden? Vielleicht kann uns der heutige Gottesdienst helfen, der Antwort auf diese Fragen ein Stück näher zu kommen.

    Den Namen Gottes heiligen, das geschieht auf jeden Fall auch dort, wo wir unsere Stimmen zu seinem Lob erheben. Darum lasst uns damit anfangen und singen: Gelobet sei der Herr.

Eingangslied
   Gelobet sei der Herr (EG 139,1–5)

Psalm 113³ (im Wechsel zwischen Liturg und Gemeinde)
   Gemeinde: Ehr' sei dem Vater (Gloria patri)

Aufforderung zum Bittruf (Kyrie)

Den Namen unseres Herrn loben,
zum Heiligen seines Namens beitragen,
wir wollen es
und tun es doch immer wieder nicht.
Wir brauchen Gottes Erbarmen und rufen:

Gemeinde: Herre Gott, erbarme dich (Kyrie)

Aufforderung zum Lobpreis (Gloria)

Wenn Gott seine Heiligkeit in unserer unheiligen
Welt durchsetzt,
wenn er seinen Namen vor allen verherrlicht,
dann wird jeder Mund ihm das Lob singen,
das ihm allein gebührt.
Mit den Engeln im Himmel und allen Christen auf Erden
dürfen wir schon jetzt in diesen Lobgesang einstimmen.
Darum lasst uns singen:

Gemeinde: Ehre sei Gott in der Höhe (Gloria)

---

3 Der Psalm findet sich mit unterschiedlicher Zählung in allen Regionalteilen des Evangelischen Gesangbuches mit Ausnahme von Bayern/Thüringen und Mecklenburg.

Eingangsgebet

Gott, unser himmlischer Vater, du allein bist heilig,
der du thronst in deiner Majestät im Himmel.
Erweise deine Heiligkeit auch bei uns auf Erden,
bringe deine Macht und Herrlichkeit in unserer Welt,
in unserer Kirche und in unserem Leben zur Geltung.
Darum bitten wir im Namen deines Sohnes Jesus Christus,
der in der Einheit mit dir und dem Geist allein heilig genannt
zu werden verdient.

Gemeinde: Amen

SCHRIFTLESUNG
> Hesekiel (Ezechiel) 36,16–27

> Gemeinde: Halleluja

GLAUBENSBEKENNTNIS

LIED
> Danket dem Herrn (EG 333,1–6)

Predigt

Liebe Gemeinde!

Als Jesus einmal von seinen Jüngern gefragt wurde, wie und was sie beten sollen, da schenkte er ihnen als Gebet das Vaterunser. Seit dieser Zeit ist das Vaterunser das Gebet der Christenheit geworden. In jedem Gottesdienst wird es gebetet: nicht nur in unserer evangelischen Kirche, sondern auch in der römisch – katholischen und in den orthodoxen Kirchen in aller Welt. In unzähligen Nationen und Sprachen betet die Christenheit auf Erden das Vaterunser.

Nachdem wir über die Anrede „Vater unser im Himmel" meditiert haben, möchte ich heute nun mit Ihnen über die erste der sieben Bitten des Vaterunser nachdenken, über die Bitte: *Geheiligt werde dein Name.* Was meinen wir eigentlich, wenn wir diese vier Worte sprechen: *Geheiligt werde dein Name?*

Auffällig an dieser Bitte ist ja, dass hier gar nicht von uns und unserer Welt die Rede ist. Zumindest nicht direkt und an erster Stelle. Zunächst einmal geht es um Gott, unseren himmlischen Vater. Zunächst einmal beten wir im Vaterunser für Gott. Und das verbindet die erste Bitte mit den nächsten beiden. Auch in diesen beiden Bitten geht es zunächst einmal um Gott: um sein Reich und seinen Willen. Erst ab der vierten Bitte kommen dann bis zur siebten Bitte wir und unsere Bedürfnisse in den Blick: Unser tägliches Brot, unsere Schuld, unsere Versuchung und unsere Erlösung.

Am Anfang des Gebets stehen also nicht unsere Anliegen, nicht unsere Sorgen und Probleme. Am Anfang des Vaterunsers stehen die Anliegen Gottes. Und Jesus setzt im Vaterunser voraus, dass dies die rechte Ordnung des Betens ist: Zunächst denken wir in unserem Gebet an Gott, unseren himmlischen Vater, an seinen Namen, an sein Reich, an seinen Willen. Erst dann, als Zweites, bringen wir unsere Anliegen vor ihn.

Wahrscheinlich tue ich kaum jemandem von Ihnen Unrecht – und ich nehme mich da selbst nicht aus –, wenn ich sage: Unser eigenes Beten sieht, wenn wir denn beten, meist anders aus. Da kommen zuerst wir und unsere Anliegen. Und dann erst kommt Gott und kommen seine Anliegen, wenn sie denn überhaupt noch kommen. Nach dem Gebet der Christenheit aber soll es genau anders herum sein. Deshalb hat Jesus uns das Vaterunser geschenkt, damit wir lernen: Gottes Angelegenheiten sollen im Gebet – wie übrigens auch in unserem Leben – den ersten Platz einnehmen. Denn Gottes Angelegenheiten sind unendlich viel wichtiger als unsere. Zuerst soll es um ihn gehen, um seinen Namen, sein Reich und seinen Willen. Und so fängt denn das Vaterunser mit der Bitte an: *Geheiligt werde dein Name.*

Wenn wir nun im Gebet Gott um etwas bitten, dann gehen wir davon aus, dass Gott etwas tun soll, was wir von uns aus nicht können und nicht fertig bringen. Wenn wir selbst es könnten, bräuchten wir Gott nicht darum zu bitten. Das ist bei allen sieben Bitten des Vaterunser so. Auch bei der ersten. Gottes Namen *heiligen,* das können wir nicht. Zumindest nicht wirklich. Das kann nur Gott selbst. Heiligen – das ist zuerst und zuletzt Gottes eigenes Tun. Denn *heiligen* heißt: Von Gott in Besitz genommen und für Gott in Anspruch genommen werden. Wo etwas oder jemand geheiligt wird, da wird es Gott übergeben und von ihm ganz mit Beschlag belegt. Und so beginnen wir das Vaterunser mit der Bitte: „Himmlischer Vater, heilige du deinen Namen, setzte du deinen Anspruch durch!"

Es gibt freilich Menschen, die wollen das ganz und gar nicht Gott überlassen, sondern fühlen sich selbst dazu berufen, Gottes Heiligkeit in der Welt durchzusetzen. Die Terroristen des Islam gehören dazu. Und so manche radikale Juden in Israel. Auch viele fromme Christen und Politiker in den USA und anderswo auf unserer Erde. Ihnen allen ist gemeinsam, dass sie durch ihr Tun der Heiligkeit Gottes in unserer Welt Geltung verschaffen wollen.

Dem gegenüber leitet Jesus uns an zu beten: Himmlischer Vater, heilige du selbst deinen Namen. Denn das können wir immer wieder in der 2000jährigen Geschichte der Christenheit bis heute beobachten: Wo Menschen anfangen, die Heiligkeit Gottes in dieser Welt durchsetzen zu wollen, da kommt nichts anderes als Unheil heraus. Und so wird, auch wenn es vielleicht wirklich gut gemeint war, der Name Gottes geradezu entheiligt.

Der *Name Gottes* – das ist ja Gott selbst: seine Größe, seine Macht, seine Majestät. Gott groß machen, das kann aber immer noch am besten Gott selbst. Seine Macht und seinen Anspruch in unserer Welt durchsetzen – das vermögen wir ganz und gar nicht, sondern das vermag allein unser Vater im Himmel.

Aber nötig wäre es, dass Gott sich in unserer Welt Geltung verschafft. Nötig wäre es, dass er seine Majestät durchsetzt, damit es in unserer Welt und in unserem Leben nicht so gottlos und chaotisch zugeht wie bisher. Und gerade angesichts all des Chaos und des Schreckens in den Kampf- und Kriegsgebieten, gerade angesichts all der Naturkatastrophen und Hungersnöte auf unserer Erde, und gerade angesichts aller

Bosheit, allem Egoismus und aller Uneinsichtigkeit von uns Menschen wäre nichts nötiger als dies, dass Gott sich als heilig erweist, dass er seiner unwidersprechbaren Autorität in unserer Welt Geltung verschafft. Denn wo Gottes Name geheiligt wird, da kommt ihm in unserer Welt die Ehre zu, die ihm allein gebührt.

Deshalb bittet die Christenheit zuerst und vor allem anderen: Himmlischer Vater, heilige du deinen Namen. Verschaffe dir endlich in unserer Welt die Geltung, die deiner Größe und Majestät angemessen ist. Setze du deine Heiligkeit in unserer so ganz und gar unheiligen Welt durch. Erweise deine Macht und Herrlichkeit und erfülle mit dem unüberbietbaren Reichtum deiner Liebe und Güte die ganze Welt.

Darum ist dies im Vaterunser die wichtigste und erste Bitte von allen, denn wo dies geschieht, dass Gott sich selbst als heilig erweist, da kommt sein Reich, da geschieht sein Wille, da empfangen alle Menschen ihr tägliches Brot und die Vergebung ihrer Sünden, und da hat auch alle Versuchung ein Ende und wir werden von allem Bösen erlöst. Deshalb beten wir an erster Stelle: *Geheiligt werde dein Name.*

Wenn Gott nun seinen Namen heiligt, wenn er seine Majestät durchsetzt, dann geschieht das auch an Menschen, die er anspricht und in Dienst nimmt. Das ist die heilige christliche Kirche, die wir im Glaubensbekenntnis bekennen. Das sind wir Christen. Und das Neue Testament nennt uns Christen „Heilige". Genauer müssten wir eigentlich sagen: „Geheiligte". Denn heilig sind wir Christen nicht deshalb, weil wir so heilig leben. Das ist leider ganz und gar nicht der Fall. Heilig sind wir Christen vielmehr deshalb, weil der heilige Gott uns heilig gesprochen hat, weil er uns heilig gemacht hat, weil er uns in Besitz und in Anspruch genommen hat, weil er seine Heiligkeit in unserem Leben zur Geltung gebracht hat und immer neu bringt.

Und es sind diejenigen, die das Neue Testament „Geheiligte" nennt, es sind wir Christen, die im Vaterunser zu Gott beten: *Geheiligt werde dein Name.*

Nun kann man als Christ freilich nicht Gott um etwas bitten, wenn man nicht selbst bereit ist, sich von ihm bei der Erfüllung einer Bitte gebrauchen zu lassen. Wer etwa Gott um Brot für die Hungernden in dieser Welt bittet und selbst nicht dafür spendet, obwohl er es könnte, der ist unglaubwürdig. Wer Gott um Beistand für die einsame Nachbarin bittet und sie selbst nicht besucht, der heuchelt. Wer unseren himmlischen Vater darum bittet, dass er seiner heiligen Majestät in unserer Welt Geltung verschafft, aber selbst nicht das in seiner Macht Stehende dazu beiträgt, dass Gott geheiligt wird, der kann seine Bitte auch sein lassen.

Wenn wir als Christen, die Gott geheiligt hat, ihn bitten, dass er seine Heiligkeit in unserer so ganz und gar unheiligen Welt durchsetzt, dann sollten wir dem auch mit unserem Leben entsprechen und das Unsere dazu beitragen, dass der Name Gottes geheiligt wird. Nach dem Alten Testament ist es das Volk Israel, nach dem Neuen Testament die Christenheit, die den Namen Gottes heilig halten soll. Aber tatsächlich wird Gott durch unser Dasein oder unser Leben eher entheiligt als geheiligt. Wir Christen geben Andersgläubigen Anlass, über Gott zu lachen, zu spotten und seine Heiligkeit nicht Ernst zu nehmen.

Da gibt es z.B. Christen, die verwechseln die Heiligkeit Gottes mit der Heiligkeit der Kirche. Die Autorität, die bei ihnen heilig ist, ist die Autorität festlicher Talare und großer Feste, aber nicht die Autorität Gottes. So aber wird der Name Gottes nicht geheiligt, sondern entheiligt.

Andere verwechseln die Heiligkeit des Schöpfers mit der Heiligkeit der Schöpfung. Sie freuen sich etwa in den Ferien an Berg, Wald und See, an Sonne, Meer und Wind, und vergessen dem dafür zu danken, dessen Macht all das erst zustande gebracht hat. Auch so wird Gottes Name nicht geheiligt.

Es gibt Menschen, die sich „Christen" nennen und für die die Wahrheit heilig ist, aber nicht die Wahrheit, die die Heilige Schrift vom heiligen Gott bezeugt, sondern nur die Wahrheit, die sie selbst sich ausgedacht haben und allen Ernstes dafür halten. Man sucht sich aus, was einem gefällt, und baut sich so seine eigene Religion, die man auch noch christlich nennt. Und dieses selbsterdachte „Christentum" bestimmt dann den Lebenswandel. Auch so wird Gottes Name nicht geheiligt, sondern entheiligt.

Ich fürchte, diejenigen, die am meisten in unserer Welt zur Entheiligung des Namens Gottes beigetragen haben und bis heute noch beitragen, gehören der sogenannten Christenheit an und haben schon öfter die Bitte im Mund geführt *Geheiligt werde dein Name.* Sie haben dabei zwar „dein Name" gesagt, aber allzu oft nur sich selbst gemeint.

Deshalb ist es wichtig, dass wir uns immer wieder von Jesus daran erinnern lassen, dass in unserem Gebet wie in unserem Leben Gott und seine Anliegen an erster Stelle zu stehen haben. Und das heißt auch, dass wir unseren Teil dazu beitragen, dass sein Name geheiligt wird.

Das geschieht zum einen durch unser Beten, Singen und Reden. Wenn wir etwa beim Abendmahl singen: „Heilig, heilig, heilig ist der Herr Zebaoth, alle Lande sind seiner Ehre voll", dann tragen wir dazu bei, dass Gottes Heiligkeit in unserer Welt kundgetan wird.

Unser Beitrag zur Heiligung des Namens Gottes geschieht zum anderen durch unser Leben. Luther sagt im kleinen Katechismus zu unserer Vaterunserbitte: Dort, wo wir als Kinder Gottes nach seinem Wort leben, dort wird Gottes Name geheiligt. Wo wir es nicht tun, dort wird sein Name entheiligt.

Gewiss: Wir können es letztlich nicht vollbringen, dass Gott seine Heiligkeit, seine Macht, Größe und Majestät in unserer ganz und gar unheiligen Welt durchsetzt. Und das sollen und brauchen wir auch nicht. Das macht Gott schon allein. Aber wir sollen darum bitten, dass dies geschieht. Und das soll unsere erste und dringendste Bitte sein. Und wo wir nicht nur mit dem Mund, sondern auch mit dem Herzen darum bitten, da werden wir als von Gott Geheiligte auch mit unserem Tun und unserem Reden etwas zur Durchsetzung der Heiligkeit Gottes beitragen. Und so soll dies unsere Bitte sein: *Geheiligt werde dein Name.* Amen.

Lied
    Vater unser, Vater im Himmel (EG 188)

Fürbittengebet

Lasst uns beten und gemeinsam rufen: Geheiligt werde dein Name.

Heiliger Gott, unser Vater im Himmel, wir leben in einer unheiligen und unheilvollen Welt. Du hast diese unsere Welt schön und gut geschaffen. Von dir sollte sie in Besitz genommen werden, damit sie an deiner Heiligkeit Anteil erhält. Aber sie entzieht sich immer wieder deinem Anspruch. Weil dein Name in unserer Welt für nichts geachtet wird und unsere Welt dadurch zugrunde geht, deshalb rufen wir zu dir:

Gemeinde: Geheiligt werde dein Name.

Heiliger Gott, unser Vater im Himmel, du hast dir mit Israel ein Volk erwählt, in dem dein Name heilig sein soll. Und in Jesus Christus hast du dir ein neues Volk erwählt, die heilige christliche Kirche, die Gemeinschaft der Glaubenden aus Juden und Nichtjuden. Aber auch in deinem Volk ist von der Heiligkeit deines Namens so wenig zu spüren. Deine Ehre sollte die Kirche bezeugen. Deine Macht, Größe und Güte wolltest du durch sie sichtbar werden lassen. Doch wir haben als deine Kirche wenig oder gar nichts zur Ehre deines Namens beigetragen. Deshalb bitten wir dich: Lass in deiner Kirche etwas von deiner Heiligkeit sichtbar werden. Wir rufen:

Gemeinde: Geheiligt werde dein Name.

Heiliger Gott, unser Vater im Himmel, du weißt und siehst, wo wir mit unserem eigenen Leben der Durchsetzung deiner Heiligkeit in unserer Welt im Wege stehe. Du solltest im Mittelpunkt unseres Lebens stehen. Deine Sache sollte unser Herzensanliegen sein. Doch wir haben unsere Ehre mit deiner vertauscht, haben unsere Anliegen ins Zentrum unserer Gebete gestellt. Deshalb bitten wir dich um Vergebung. Lass uns neu anfangen. Gebrauche uns an der Stelle, an der du durch uns etwas zur Heiligkeit deines Namens beitragen willst. Wir rufen:

Gemeinde: Geheiligt werde dein Name.

Heiliger Gott, unser Vater im Himmel, setze du deinen göttlichen Anspruch durch: in unserer Welt, in unserer Kirche, auch in unserem Leben. Verschaffe dir überall die Geltung, die deiner Größe und Majestät angemessen ist. Erweise deine Macht und Herrlichkeit. Erfülle mit dem unüberbietbaren Reichtum deiner Liebe und Güte unser Leben, unsere Kirche und die ganze Welt. Wir rufen zu dir:

Gemeinde: Geheiligt werde dein Name.

Dir allein gebührt der Ruhm und die Ehre und die Macht und die Herrlichkeit, der du allein heilig bist, heilig warst und heilig sein wirst in alle Ewigkeit.

STILLES GEBET

VATERUNSER

SCHLUSSLIED
    Geheiligt werd der Name dein (EG 344,2)

SEGEN

ORGELNACHSPIEL

Die zweite Bitte

Dein Reich komme

ORGELVORSPIEL

LIED
    Komm, Heiliger Geist (EG 156)

Votum und Begrüßung

Im Namen des Vaters und des Sohnes und des Heiligen Geistes. Amen.

„Dein Reich komme." Diese zweite Bitte des Vaterunser ist heute das Thema unseres Gottesdienstes. Als Christen verbinden wir sehr viel mit der Erwartung des Reiches Gottes: Frieden und Gerechtigkeit, das Ende von Hunger und Gewalt, von Leid und Tod, aber auch die Wiederkunft Jesu Christi und das ewige Leben, um nur einiges zu nennen. Weil mit dem Reich Gottes unsere christliche Hoffnung verknüpft ist, deshalb bitten wir um sein Kommen und erwarten die Ankunft des Gottessohnes.

EINGANGSLIED
> Wir warten dein, o Gottes Sohn (EG 152,1–4)

Wir loben Gott mit den Seligpreisungen Jesu, in denen die Verheißung des Reiches Gottes für die Bedürftigen dieser Welt zur Sprache kommt:

MATTHÄUS 5,3–10[4]
> (im Wechsel zwischen Liturg und Gemeinde)

> Gemeinde: Ehr' sei dem Vater (Gloria patri)

Aufforderung zum Bittruf (Kyrie)

Angesichts des Elends auf unserer Welt,
angesichts allen Leids und aller Kriege
hoffen wir auf Gott und sein rettendes Eingreifen.
Wir hoffen auf Gottes Liebe und Erbarmen.
Darum lasst uns rufen:

Gemeinde: Herre Gott, erbarme dich (Kyrie)

Aufforderung zum Lobpreis (Gloria)

Wenn Gott seine Herrschaft in unserer Welt durchsetzt,
wenn sein Reich kommt,
dann wird grenzenlose Liebe herrschen und alle Lieblosigkeit ein Ende haben.
Auf Gottes kommendes Reich dürfen wir hoffen, weil es in und durch Jesus Christus schon angebrochen ist.
Darum loben wir Gott und singen:

Gemeinde: Ehre sei Gott in der Höhe (Gloria)

---

[4] Die Seligpreisungen Jesu finden sich mit unterschiedlicher Zählung in allen Regionalteilen des Evangelischen Gesangbuches mit Ausnahme von Baden/Elsaß/Lothringen; Bayern/Thüringen und Mecklenburg.

Eingangsgebet

Gott, unser himmlischer Vater, deine Herrschaft über alle Welt wird kommen. Dein Reich des Friedens und der Liebe wird in unserer Welt Wirklichkeit werden.

Wir warten und hoffen darauf und bitten dich: Erweise deine Herrschaft schon heute bei uns auf Erden, komme mit deinem Reich in unsere Welt, in unsere Kirche und in unser Leben. Erneuere uns heute schon, wie du am Ende der Tage die Welt erneuern willst.

Darum bitten wir im Namen deines Sohnes Jesus Christus, der in der Einheit mit dir und dem Heiligen Geist herrscht und regiert in Ewigkeit.

Gemeinde: Amen

SCHRIFTLESUNG
>Offenbarung 21,1–8
>
>Gemeinde: Halleluja

GLAUBENSBEKENNTNIS

LIED
>Der Himmel, der ist, ist nicht der Himmel, der kommt (EG 153,1–5)

Predigt

Liebe Gemeinde!

Die zweite Bitte des Vaterunser soll heute im Mittelpunkt der Predigt stehen: *Dein Reich komme.* Diese zweite Bitte gehört ja wie die erste und die dritte zu den sogenannten drei Du-Bitten, zu den ersten drei Bitten des Vaterunser also, in denen wir für Gott bitten, in denen wir Gottes Angelegenheiten zu unseren eigenen Gebetsanliegen machen.

Diese Bitte ist wie die anderen Bitten des Vaterunser nicht einfach so dahingesagt, wie wir das Vaterunser bisweilen so gedankenlos dahinsagen. Diese Bitte ist vielmehr ein Flehen, das ganz tief aus dem Innern kommt. Mit ihr bitten wir Gott, dass sein Reich der Liebe, dass seine heilvolle und seine Heil bringende Herrschaft sich in unserer Welt und auf unserer Erde durchsetzt. Im Vaterunser wird das Kommen von Gottes guter Herrschaft herbeigesehnt und herbeigefleht. Wir beten um nichts weniger als um die heilvolle Zuwendung Gottes in unser Leben und in unsere Welt hinein.

Uns allen ist dabei klar, auch wenn wir es uns meist nicht bewusst machen: Die Bitte setzt voraus, dass die Herrschaft Gottes sich in unserer Welt bisher noch nicht wirklich und schon gar nicht vollständig durchgesetzt hat. Im Gegenteil: Wohin wir blicken sehen wir Unheil, das mit Gottes Reich und Herrschaft unvereinbar ist: Kriege und Hunger, Trauer und Tod, Krankheit und Naturkatastrophen, Streit und Ehebruch, Lüge und Habgier und vieles mehr. Ich könnte hier sicher noch eine Weile fortfahren. All dies steht der Herrschaft Gottes entgegen.

Denn – und das ist die andere Voraussetzung der zweiten Vaterunserbitte – das Kommen von Gottes Reich und Herrschaft bedeutet Glück für alle Menschen, bedeutet Friede auf Erden, Liebe ohne Ende, Heil für die ganze Schöpfung. Aber genau das fehlt, obwohl es doch so dringend vonnöten ist. Deshalb die sehnsuchtsvoll flehende Bitte: *Dein Reich komme.*

Doch worum bitten wir als Christen eigentlich genau, wenn wir diese Bitte aussprechen? Was ist das eigentlich *Dein Reich?* Mit dem Begriff „Reich" tun wir uns ja als Deutsche sehr schwer. Zu Recht! Denn da denken wir ganz schnell an das „Deutsche Reich", an das sogenannte „1000jährige Reich" der Nationalsozialisten, von dem so viele sich ihr Heil erhofft haben und das doch nur unendliches Leid gebracht hat.

Aber auch sonst verbinden wir mit dem Wort „Reich" ebenso wie mit dem Wort „Herrschaft" nichts Gutes. Weltreiche fallen uns da ein. Machthaber, die ihr Reich und ihre Herrschaft vergrößern wollten und noch immer wollen. Und immer ist damit verbunden Krieg und Angst, Leid und Tod, Unterdrückung und Elend. So pflegte und pflegt es nun einmal in unserer Welt zuzugehen: Reiche kommen und gehen auch wieder, Machthaber stehen auf und verschwinden wieder, und das eine wie auch das andere hat für die Menschheit bisher keinen Segen gebracht.

Und nun bitten wir also als Christen auch um das Kommen eines Reiches? Ja – aber wir tun das in dem Glauben und in der Hoffnung, dass dieses Reich, um das wir bitten, sehr anders sein wird als alle bisherigen Reiche dieser Welt. Nach dem Neuen Testament ist Gottes Reich sogar ganz anders als Gottes bisherige Schöpfung, auch wenn es von ihr in der Bibel heißt: „Und siehe, sie war sehr gut." Das Reich Gottes steht nicht in Kontinuität, sondern in Diskontinuität zu unserer bisherigen Welt. Es knüpft nicht an Bestehendes an, sondern es bewirkt Neues. Es geht um nicht mehr und nicht weniger als um einen neuen Himmel und eine neue Erde, auf der die alte Erde und der alte Himmel und die Macht des Bösen, die unsere Welt beherrscht, keinen Platz mehr haben. Jesus kündigt uns das Reich Gottes an als ein Ereignis von Gottes unendlicher Liebe, die sich nicht wie bisher nur vereinzelt und verborgen durchsetzt, sondern sich universell, unüberbietbar und endgültig verwirklicht.

Und mit diesem Reich geht es zugleich um unsere Zukunft und die Zukunft unserer Welt. Und damit sind wir nun mitten in dem Thema, das sich in unserer evangelischen Kirche wie ein roter Faden durch die letzten drei Sonntage des Kirchenjahres zieht: Es geht um die endgültige Vollendung des Gottesreiches, die mit der Wiederkunft Jesu beginnt. Es geht um die Beurteilung des Weltenrichters über unser Leben und den unverdienten Freispruch, der uns als Christen erwartet. Und es geht um die Hoffnung für unsere Toten und das wachsame Erwarten der Ewigkeit. Und all dies ist mitgemeint, wenn wir mit den Worten Jesu bitten: *Dein Reich komme.*

Diese Bitte wirklich von Herzen mitzubeten, fällt nun Menschen in unterschiedlichen Lebenssituationen unterschiedlich leicht bzw. schwer. Für den, der todkrank und leidend daniederliegt, bedeutet das Kommen des Gottesreiches Erlösung. Entsprechendes gilt für die Hungernden, denn Jesus hat ihnen versprochen, dass sie im kommenden Gottesreich satt werden. Die Weinenden werden dann lachen, die Trauernden sich freuen, die Verfolgten werden Gerechtigkeit erfahren und alle Friedensbemühungen werden dann von Erfolg gekrönt sein. Wenn Gottes Reich kommt, so hat es Jesus gesagt, dann werden sich die Verhältnisse umkehren. Dann werden die Armen reich und die Reichen arm werden, die Traurigen froh und die Fröhlichen traurig.

Doch wollen wir das eigentlich? Kann es sein, dass wir trotz aller Staatsschulden, aller Arbeitslosigkeit und aller Wirtschaftsklagen in unserem drittreichsten Land der Erde gar nicht wirklich am Kommen des Gottesreiches interessiert sind? Kann es sein, dass es uns bisweilen doch zu gut geht, dass wir doch zu sehr am Alten hängen, als dass wir das Heil bringende Neue des Gottesreiches wirklich herbeisehnen würden? Ist es nicht so, dass wir zwar oft mit den Worten Jesu und der Christenheit beten *Dein Reich komme,* aber tief in unserem Herzen denken: „Doch jetzt noch nicht"?

Die Bitte um das Kommen des Gottesreiches hat sicherlich in anderen Ländern unserer Erde, in denen Menschen Not leiden, eine ganz andere Dringlichkeit als bei uns, denen es mehr oder weniger gut geht. Die Sehnsucht und das Flehen nach Gottes guter Herrschaft ist sicherlich bei Menschen, die am Leben zu verzweifeln drohen, sei es nun in unserem Land oder anderswo, viel intensiver als bei Menschen, die mit ihrem Leben mehr oder weniger zufrieden sind. Und doch ist die Bitte um Gottes Reich nicht nur eine Bitte der Bedürftigen, sondern das, was sie in den vergangenen 2000 Jahren immer gewesen ist, eine Bitte der Christenheit und der Kirche. Und das hat seinen ganz besonderen Grund.

Als Christen glauben wir zwar, dass das Reich Gottes in der Zukunft liegt, dass Gott selbst es in naher oder ferner Zukunft verwirklicht, und dass Gott selbst und nur er allein damit eine Zeit des ewigen Friedens und des ewigen Heils herbeiführt. Aber als Christen glauben wir auch, dass dieses zukünftige, weltumfassende Gottesreich an einzelnen Punkten auch schon Gegenwart geworden ist:

So hat Jesus sein Handeln verstanden. Dort, wo er Kranke geheilt hat, wo er Dämonen ausgetrieben hat, wo er die Macht des Bösen besiegt hat, ist Gottes Reich schon da. Aber auch dort, wo er Sündern die Vergebung schenkte und sich der Armen und Verachteten annahm, ist Gottes grenzenlose und unüberbietbare ewige Liebe bereits Gegenwart geworden. Und auch dort, wo Jesus Menschen aussendet, die in seinem Namen und in seinem Auftrag sein Werk fortsetzen, ist Gottes Reich schon gegenwärtig.

Und wo wir als Kirche heute bedingungslos und uneingeschränkt Gottes grenzenlose Liebe bezeugen und Wirklichkeit werden lassen, sei es nun durch unser Verkündigen und Lehren, sei es durch unser diakonisches Handeln, kommt Gottes Reich ebenfalls in unsere Welt. Denn überall dort, wo sich Gottes grenzenlose Liebe durch uns als Kirche Jesu Christi ereignet, ist auch sein Reich und seine Herrschaft unter uns schon gegenwärtig geworden. Und insofern sind wir selbst als Jüngerinnen und Jünger Jesu in die zweite Bitte des Vaterunser mit eingebunden. Denn man kann als Christ nicht in rechter Weise bitten *Dein Reich komme,* ohne sich zugleich von Gott dafür in seinen Dienst stellen zu lassen. „Trachtet zuerst nach Gottes Reich und seiner Gerechtigkeit!", fordert Jesus uns deshalb auf.

Freilich: Die Verwirklichung des Reiches Gottes ist allein Gottes Sache. Seine uneingeschränkte grenzenlose Liebe, sein ewiges Heil ist unserem menschlichen Handeln vorgegeben und kann von uns nicht hergestellt werden. Und doch ist Gottes Reich und Herrschaft gegenwärtig nur in und durch menschliches Handeln zu empfangen, auch wenn es immer nur punktuell bleibt. Aber so wie wir selbst diese Liebe Gottes in Jesus Christus nur vermittelt durch andere Menschen empfangen haben, so haben wir als Kirche Jesu Christi den Auftrag, sie in Wort und Tat anderen zu bezeugen und weiterzugeben, damit Gottes Reich auch heute schon ankommt.

Doch wir selbst können das Reich Gottes nicht herstellen. In unserer Gegenwart bleibt es immer nur Stückwerk. Deshalb bitten wir Gott um seine volle Verwirklichung. Es ist letztlich immer sein Reich und seine Herrschaft. Es ist Gottes heilvolle Zukunft für unsere Welt, die wir erwarten und erflehen. Und so bitten wir unseren himmlischen Vater im Namen und im Auftrag Jesu Christi von ganzem Herzen: *Dein Reich komme.* Amen.

LIED

> Entweder: O Lebensbrünnlein tief und groß
> (EG 399,1.5–7)
> Oder aus den Regionalteilen des Evangelischen
> Gesangbuchs:[5] Lass uns den Weg der
> Gerechtigkeit gehn

Fürbittengebet

Lasst uns beten und gemeinsam rufen: Dein Reich komme.

Gott, himmlischer Vater, wenn du kommst, dann wird unser Leben heil. Wenn du deine Herrschaft verwirklichst, dann ereignet sich eine neue Schöpfung. Wenn du dein Reich heraufführst, dann wird Friede und Gerechtigkeit auf Erden.

Angesichts der Not und des Elends auf unserer Welt bitten wir dich, dass dein Reich doch bald komme, dass endlich aller Hunger und alle Not, alle Krankheit und aller Tod, aller Streit und aller Krieg, alle Trübsal und alle Pein ein Ende nimmt.

Von Herzen rufen wir gemeinsam zu dir:

Gemeinde: Dein Reich komme

---

5 Hessen-Nassau und Kurhessen-Waldeck: 640; Reformierte Kirche und Rheinland/Westfalen/Lippe: 675; Württemberg: 658.

Ganz besonders gedenken wir der unzähligen Opfer von Krieg und Gewalt. Wir bitten dich um Frieden zwischen den Völkern und Staaten, Rassen und Volksgruppen, Religionen und Weltanschauungen. Wir wünschen uns, dass niemand Gewalt gebraucht, um seine Ziele durchzusetzen, und sehen doch nicht, wie Frieden und Gerechtigkeit in unserer Welt durchgesetzt werden können. Wir hoffen auf dich und deine grenzenlose Liebe, weil wir sonst für unsere Welt nichts zu hoffen haben.

Von Herzen rufen wir gemeinsam zu dir:

Gemeinde: Dein Reich komme

Wir bitten für die machthabenden Politiker bei uns und in aller Welt, für die in Verantwortung stehenden Frauen und Männer in den Parteien, Gewerkschaften und Verbänden, für die Redaktionen bei Presse, Funk und Fernsehen, dass sie unabhängig von ihren eigenen Interessen das Recht aller Menschen auf Frieden und Gerechtigkeit fördern.

Von Herzen rufen wir gemeinsam zu dir:

Gemeinde: Dein Reich komme

Wir bitten dich um Mut und Entschlossenheit, Frieden vorzuleben und für ihn einzutreten, wo immer wir können: in unseren Familien, in der Schule und an unserem Arbeitsplatz, überall, wo er vonnöten ist.

Wir bitten dich um Phantasie und Ausdauer, Hunger und Krankheit in unserer Welt zu bekämpfen, zu einer gerechteren Verteilung des Wohlstandes beizutragen sowie zu einer größeren Solidarität in der Gesundheitspflege.

Von Herzen rufen wir gemeinsam zu dir:

Gemeinde: Dein Reich komme

Vater im Himmel, wenn dein Reich kommt, dann wird wirklicher Friede und Gerechtigkeit sein. Lass uns schon heute etwas von deinem ewigen Heil erfahren.

STILLES GEBET

VATERUNSER

SCHLUSSLIED
    Es komm dein Reich zu dieser Zeit (EG 344,3)

SEGEN

ORGELNACHSPIEL

Die dritte Bitte

Dein Wille geschehe wie im Himmel so auf Erden

ORGELVORSPIEL

LIED
> Komm, Heiliger Geist (EG 156)

Votum und Begrüßung

Im Namen des Vaters und des Sohnes und des Heiligen Geistes. Amen.

Bei unserer Gottesdienstreihe zum Vaterunser kommen wir heute zur dritten Bitte: „Dein Wille geschehe wie im Himmel so auf Erden." Es ist vielleicht die schwierigste Bitte des Vaterunser. Sie verlangt uns sehr viel ab: sowohl vom Verstand als auch von unserer Lebenseinstellung her. Diese Bitte lässt uns zunächst nach etwas fragen, was wir vielleicht gar nicht gern zur Kenntnis nehmen wollen, nach dem Willen Gottes für unser Leben und für unsere Welt. Wenn wir über diese Bitte intensiver nachdenken, begegnen wir sehr direkt dem Anspruch Gottes. Das kann beunruhigend, aber auch sehr heilsam sein.

Lasst uns Gott darum bitten, dass er uns in diesem Gottesdienst zu solch einer heilsamen Begegnungen führt.

EINGANGSLIED
  Tut mir auf die schöne Pforte (EG 166,1–3.6)

PSALM 119[6] (im Wechsel zwischen Liturg und Gemeinde)
  Gemeinde: Ehr' sei dem Vater (Gloria patri)

Aufforderung zum Bittruf (Kyrie)

Oft kennen wir Gottes Willen.
Oft wissen wir genau, was er von uns will.
Aber wie oft lassen wir Gottes Willen nicht in
unserem Leben geschehen?
Wie oft steht unser Wille dem Willen Gottes entgegen?
Wir brauchen Gottes Erbarmen und rufen:

Gemeinde: Herre Gott, erbarme dich (Kyrie)

Aufforderung zum Lobpreis (Gloria)

Gott will nicht, dass wir verloren gehen,
auch wenn wir immer wieder gegen seinen Willen handeln.
Gott will vielmehr unser Heil und das Heil der ganzen Welt.
Mit allen, die das erfahren haben,
im Himmel und auf Erden,
loben wir Gott und singen:

Gemeinde: Ehre sei Gott in der Höhe (Gloria)

---

6 Der Psalm findet sich mit unterschiedlicher Zählung in allen Regionalteilen des Evangelischen Gesangbuches mit Ausnahme von Bayern/Thüringen und Mecklenburg.

Eingangsgebet

Gott, unser himmlischer Vater, dein Wille soll in unserem Leben und in unserer Welt geschehen. Es wäre für uns alle das Beste. Doch wir widersetzen uns oft deinem Willen, setzen unseren Willen gegen deinen durch.

Wir bitten dich um Einsicht, Kraft und Mut, damit wir tun, was du willst, und akzeptieren können, was du uns zumutest.

Darum bitten wir im Namen deines Sohnes Jesus Christus, der in der Einheit mit dir und dem Heiligen Geist lebt und regiert in Ewigkeit.

Gemeinde: Amen

SCHRIFTLESUNG
   Matthäus 26,36–46

   Gemeinde: Halleluja

GLAUBENSBEKENNTNIS

LIED
   In allen meinen Taten (EG 368,1–3.6–7)

Predigt

Liebe Gemeinde!

Der heutige Predigttext ist die dritte Bitte des Vaterunser: *Dein Wille geschehe wie im Himmel so auf Erden.* Vielleicht ist das die schwerste der Vaterunserbitten überhaupt! Denn sie setzt voraus, dass ich meinen Willen aufgebe und mich ganz und gar dem Willen Gottes füge: *Dein Wille geschehe.*

Und für fromme Christen ist sie noch aus einem ganz anderen Grund ungemein schwer. Fromme Christen stehen nämlich in der Gefahr, ihren eigenen Willen mit dem Willen Gottes zu verwechseln. Wie viele haben schon gefleht: „Dein Wille geschehe" und in Wirklichkeit war es doch nur ihr eigener Wille, um den es ging. Und sie haben es noch nicht einmal gemerkt.

Wir tun deshalb gut daran, auch über diese Bitte des Vaterunser gründlich zu meditieren. Was meinen wir, wenn wir beten: *Dein Wille geschehe wie im Himmel so auf Erden?* Wenn man jedoch einmal anfängt darüber nachzudenken, dann kommt man freilich ganz schnell aus dem Fragen nicht mehr heraus: Geschieht Gottes Wille nicht immer und überall auf der Erde? Aber warum soll ich dann dafür beten, dass er geschieht? Und wenn er nicht überall geschieht, warum nicht? *Kann* Gott dann seinen Willen nicht durchsetzen? Oder *will* er dann seinen Willen nicht durchsetzen? Was steht denn dem entgegen, dass sein Wille geschehe? Und warum geschieht er im Himmel, aber nicht auf Erden?

Nicht wahr, liebe Gemeinde, das sind ungeheuer schwierige Fragen, die andeuten, warum das vielleicht auch für unseren Verstand die schwierigste der sieben Bitten des Vaterunser ist. Und wir brauchen und können diese Fragen auch jetzt nicht alle beantworten. Das aber sollten wir uns heute zumindest klar machen: Was meinen wir eigentlich, wenn wir von Gottes Willen reden?

Zu Gottes Willen gehören nun als erstes Gottes Gebote und Gottes Verbote. Was Gott will, was er von uns Menschen will, das steht aufgeschrieben in der Bibel. Er hat uns Regeln gegeben, von denen er will, dass alle Menschen sich daran halten sollen, insbesondere an das Liebesgebot: „Du sollst Gott lieben von ganzem Herzen und deinen Nächsten wie dich selbst." *Dein Wille geschehe,* heißt dann: Bewirke, dass wir und alle Menschen auf deine Weisungen achten und sie tun. Denn Gottes Wille geschieht dort, wo er von uns und von anderen getan wird. Und das ist nicht selbstverständlich. Dazu muss Gott Gelingen schenken.

Im Himmel ist dies offensichtlich der Fall. Bei den Engeln Gottes, bei den himmlischen Heerscharen und bei allen, die einmal zur himmlischen Welt Gottes gehören, wird Gottes Wille getan. Dort geschieht sein Wille. Dort werden seine Weisungen beachtet.

Dieser Himmel freilich, von dem im Vaterunser wie auch an vielen anderen Stellen der Bibel die Rede ist, das ist nicht das Weltall jenseits unserer Erde, wo es eine Raumstation gibt, wo ab und zu mal ein Shuttle einen Ausflug hinmacht, während die auf der Erde Zurückgebliebenen Ängste ausstehen, ob die Besatzung auch wieder lebend zurückkommt. Der Himmel, von dem die Bibel redet, das ist vielmehr die unsichtbare und verborgene Welt Gottes unmittelbar neben uns.

Wenn nun Gottes Wille zwar im Himmel, aber nicht auf Erden geschieht, dann liegt das an uns Menschen. Dann liegt das daran, dass Gott uns Menschen die Möglichkeit gegeben hat, gegen seinen Willen zu entscheiden und zu handeln. Wir Menschen können etwas anderes wollen als Gott. Und meistens wollen wir auch etwas anderes als er. Wir können auch etwas anderes tun, als Gott will, dass wir tun sollen. Und meistens tun wir auch etwas anderes, als er von uns will. Und so lange wir auf Erden sind, lässt Gott uns diese Willensfreiheit.

Er könnte uns zu etwas anderem zwingen. Er könnte uns zu seinen Marionetten machen, die immer das wollen und tun, was er auch will. Aber Gott hat uns als sein Gegenüber mit einem eigenen Willen geschaffen. Auch wenn er möchte, dass wir mit unserem Willen in seinen einwilligen, auch wenn er möchte, dass wir tun, was er will, so zwingt er uns doch nicht dazu. Hier auf Erden lässt er uns nur allzu oft nach unserem Willen leben, auch wenn uns das meist nicht gut bekommt, und auch wenn das *nach* unserem Leben für uns nichts anderes bedeutet als das, was die Bibel Verdammnis, Hölle oder ewiger Tod nennt. Unser Verhalten hier auf Erden führt dazu, dass wir von uns aus nie in die himmlische Welt kommen werden, wo Gottes Wille selbstverständlich getan wird.

Deshalb ist nicht nur um Gottes willen, sondern auch um unsertwillen die Bitte dringend notwendig: *Dein Wille geschehe wie im Himmel so auf Erden.* Gib, dass wir und alle Menschen deine Weisungen befolgen, weil davon unser aller ewiges Leben abhängt.

Gottes Wille, das sind aber nicht nur seine Weisungen, sondern Gottes Wille, das ist noch etwas Zweites. Die Bibel sagt das ganz deutlich und klar. Gottes Wille ist, dass jeder Mensch in den Himmel kommt, auch wenn unser Wille immer wieder dem Willen Gottes entgegensteht. Gott will nicht, dass irgendein Mensch verloren geht, heißt es im Matthäusevangelium (18,14). Im Gegenteil: Gott will, dass alle zur Erkenntnis der Wahrheit kommen und gerettet werden (1.Timotheus 2,4).

Wenn wir als Christen fragen, was denn der Wille Gottes ist, dann sagt uns die Bibel vor allem dies: Der Wille Gottes ist die Rettung der Menschenwelt aus Sünde und Schuld, aus Verderben und Todverfallenheit. Und das geschieht durch den Glauben an Jesus Christus.

Darum bitten wir vor allem und an erster Stelle, wenn wir rufen: *„Dein Wille geschehe"*, dass Gottes Wille zu unserem Heil sich auch auf Erden bei uns Menschen durchsetzt. Denn nichts ist nötiger als dies, weil wir Menschen vor Gott ewig verloren sind, wenn nicht sein Heilswille geschieht. Und da er von uns aus nicht geschehen kann, muss Gott ihn bewirken.

Es ist eine gewaltige Bitte, die Jesus uns hier in den Mund legt. Und es ist eine Bitte, zu deren Erfüllung er selbst sein Leben am Kreuz hingegeben hat. Mit seinem Tod am Kreuz hat er genau dieser Bitte Ausdruck gegeben: Lieber Vater, lass deinen Heilswillen auf Erden geschehen, weil sonst alle rettungslos verloren sind.

Und wenn wir Christen mit dem Vaterunser diese Worte beten, dann tun wir es in der Dankbarkeit gegenüber Gott, dass sein Heilswille durch Jesu Tod bei uns angekommen ist. Und dann bitten wir darum, dass er auch bei anderen ankommt, dass auch andere zum Glauben an Jesus Christus kommen, damit auch andere gerettet werden vor Sünde, Hölle und ewiger Verdammnis.

Deshalb beten wir: *Dein Wille geschehe wie im Himmel so auf Erden.* Du willst, dass alle Menschen gerettet werden und in die himmlische Welt kommen. Bitte, lieber Vater im Himmel, lass diesen deinen Willen geschehen!

Es gibt aber noch ein Drittes, um das wir unseren himmlischen Vater bitten, wenn wir beten: *Dein Wille geschehe wie im Himmel so auf Erden.* Und dieses Dritte hat nicht mit den Weisungen Gottes für alle Menschen zu tun, hat auch nicht zu tun mit der Liebe Gottes, die möchte, dass alle Menschen gerettet werden, sondern dieses Dritte hat mit dem ganz speziellen Willen Gottes für unser Leben zu tun. Dieser Wille Gottes ist nun leider nicht so eindeutig wie Gottes Gebote oder wie Gottes Wille zur Rettung der verlorenen Menschen.

Als Christen glauben wir, dass Gott für unser Leben einen ganz bestimmten Plan hat, dass er einen konkreten Lebensentwurf für uns hat. Aber diesen Willen Gottes für unser Leben zu erkennen, das ist gar nicht einfach. Denn der Plan Gottes für ein Menschenleben ist bei jedem verschieden. Für den einen will Gott, dass er hundert Jahre alt wird und dann friedlich einschläft, den anderen lässt er nach dreijährigem Krebsleiden mit dreißig sterben. Von dem einen möchte er, dass er als Missionar in ein fernes Land zieht, von dem anderen will er, dass er als Familienvater durch seinen Beruf seine Familie ernährt und in der heimischen Kirchengemeinde mitarbeitet.

Der Wille Gottes für jedes Menschenleben ist verschieden. Und jeder von uns ist für sich selbst aufgefordert zu fragen: Lieber Vater im Himmel, was willst du, dass ich in dem und dem Fall konkret tun soll. Was willst du, dass ich als deinen Willen für mein Leben erkennen und als das Beste für mich akzeptieren soll. Manchmal hat man schwer damit zu kämpfen, bis man ein Ja zu Gottes Willen gefunden hat.

Die Bibel erzählt von vielen Menschen, bei denen das so war. Maria etwa, die Mutter Jesu, hat zuerst sehr entsetzt reagiert, als ihr der Engel sagte, dass sie als Jungfrau den Messias gebären sollte. Doch dann hat sie mit ihrem Willen in Gottes Willen eingewilligt und dem Engel gesagt: „Ich bin des Herrn Magd. Mir geschehe, wie du gesagt hast."

Noch schwerer, aber auch noch deutlicher war es bei Jesus selbst. Wir haben es vorhin in der Lesung gehört. Jesus ist am Abend vor seinem Tod im Garten Gethsemane. Er weiß, was auf ihn zukommt. Er hat Todesangst. Er weiß: Wenn er wollte, könnte sein Lebensende anders verlaufen. Er könnte sich dem Willen Gottes für sein Leben entziehen und sich dadurch viel Leid ersparen. Aber er ringt sich durch zu der Vaterunserbitte: *Dein Wille geschehe.*

Gerade hier, gerade an Jesu letztem Gebetskampf am Abend vor seinem Tod können wir sehen, wie schwer die manchmal von uns so leichtfertig dahingesprochene dritte Vaterunserbitte sein kann. Manchmal muss sie wirklich erkämpft werden. Manchmal ist es unendlich hart, den Willen Gottes für das eigene Leben zu akzeptieren.

Die Bitte *Dein Wille geschehe* kann in solchen Fällen einem sogar Angst machen. Denn alles, was unser Leben ausmacht, ist ja davon betroffen. Unsere Einsamkeit, unsere Schmerzen, unsere Krankheit, der Verlust eines geliebten Menschen, unsere Enttäuschungen im Leben, unsere unerfüllten Wünsche und Hoffnungen. All das, was wir meinen, im Leben zu verpassen, was uns widerfährt, was wir so gerne anders wollen, als es offensichtlich Gottes Willem für unser Leben entspricht. In solchen Situationen zu beten: *Dein Wille geschehe wie im Himmel so auf Erden,* das verlangt uns schon viel ab.

Aber genau das möchte Gott von uns haben. Denn nur, wenn wir unseren Willen dem Willen Gottes für unser Leben unterordnen, kann es wirklich gelingen. Ein Leben ist ja nicht dann gelungen, wenn es erfolgreich und gesund verläuft, wenn die Ehe an Kindern reich ist und wir mit einem guten Bankkonto in Rente gehen. Sondern ein Leben ist dann gelungen, wenn ich am Ende sagen kann: So wie mein Leben verlaufen ist, entsprach es Gottes Willen. Und das war gut so.

Ich kann dann zu Gott sagen: „Dein Wille ist geschehen, lieber Vater im Himmel, in den Tagen, an denen du mich glücklich gemacht hast und ich andere glücklich machen konnte. Dein Wille ist geschehen, als du mich die Liebe anderer spüren ließest und ich Erfüllung und Freude gefunden habe. Und er ist auch geschehen, als ich etwas davon weiter schenken konnte. Dein Wille ist aber auch geschehen auf all den dunklen Wegen meines Lebens, als ich krank war und einsam und ängstlich. Ich danke dir, dass ich da hindurchgekommen bin, dass du mich getragen hast. Ich danke dir, dass ich mich in dir geborgen fühlen kann. Dein Wille ist geschehen in meinem Leben. Gib, dass er auch geschieht bis zum Ende meiner Tage und bis hinein ins Himmelreich. Deshalb bitte ich dich: *Dein Wille geschehe wie im Himmel so auf Erden.*"

Gottes Wille, liebe Gemeinde, das ist also dreierlei: Das sind zum Ersten die Weisungen Gottes, von denen er will, dass wir sie tun sollen. Das ist zum Zweiten sein Wille, uns und die ganze verlorene Menschheit zu retten, und das ist zum Dritten der jeweils konkrete Plan, den Gott mit unserem Leben hat.

In der dritten Vaterunserbitte bitten wir nun darum, dass Gott uns hilft, seine Weisungen zu tun, dass seine Weisungen sich in unserer Welt durchsetzen. Wir bitten darum, dass sein Heil noch viele Menschen erreicht, damit sie nicht verloren gehen. Und wir bitten darum, dass wir einwilligen können in seinen konkreten Plan für unser Leben.

Ich möchte schließen mit einem Gebet, das in ähnlicher Weise ein katholischer Pfarrer in einem Konzentrationslager niedergeschrieben hat:

„Himmlischer Vater,
wie du willst, soll mir geschehn,
und wie du willst, so will ich gehn;
hilf deinen Willen nur verstehn!
Himmlischer Vater,
wann du willst, dann ist es Zeit;
und wann du willst, bin ich bereit,
heut und in alle Ewigkeit.
Himmlischer Vater,
was du willst, das nehm ich hin,
und was du willst, ist mir Gewinn;
genug dass ich dein Eigen bin.
Himmlischer Vater,
weil du's willst, drum ist es gut;
und weil du's willst, drum hab ich Mut.
Mein Herz in deinen Händen ruht."
Amen.

LIED
> Lass mich, o Herr, in allen Dingen (EG 414,1–4)

Fürbittengebet

Lasst uns beten und gemeinsam rufen: Dein Wille geschehe.

Wir lassen uns dir, unser Vater im Himmel, und bitten dich: Mach ein Ende allem Eigensinn:

Unseren Willen lassen wir dir.
Wir glauben nicht mehr,
dass wir selbst verantworten können,
was wir tun und was durch uns geschieht.
Führe du uns und zeige uns deinen Willen.
Wir rufen zu dir:

Gemeinde: Dein Wille geschehe

Unsere Gedanken lassen wir dir.
Wir glauben nicht mehr,
dass wir so klug sind,
uns selbst zu verstehen,
dieses ganze Leben oder die Menschen.
Lehre uns deine Gedanken denken.
Wir rufen zu dir:

Gemeinde: Dein Wille geschehe

Unsere Pläne lassen wir dir.
Wir glauben nicht mehr,
dass unser Leben seinen Sinn findet in dem,
was wir von unseren Plänen erreichen.
Wir möchten uns deinem Plan anvertrauen.
Hilf du uns dabei.
Wir rufen zu dir:

Gemeinde: Dein Wille geschehe

Unsere Sorgen um andere Menschen lassen wir dir.
Wir glauben nicht mehr,
dass wir mit unseren Sorgen irgendetwas bessern.
Das liegt allein bei dir.
Sorge du für die, die uns am Herzen liegen.
Wir rufen zu dir:

Gemeinde: Dein Wille geschehe

Unsere Angst vor der Übermacht der anderen lassen wir dir.
Wir glauben nicht mehr,
dass die Mächtigen die Welt verbessern werden.
Du bist in den Schwachen mächtig.
Lass uns schwach sein vor dir.
Wir rufen zu dir:

Gemeinde: Dein Wille geschehe

Unsere Furcht vor unserem eigenen Versagen lassen wir dir.
Wir brauchen keine erfolgreichen Menschen zu sein,
wenn wir nur gesegnete Menschen sind nach deinem Willen.
Schenke uns deinen Segen.
Wir rufen zu dir:

Gemeinde: Dein Wille geschehe

Alle ungelösten Fragen, alle Mühe mit uns selbst,
alle verkrampften Hoffnungen lassen wir dir.
Wir geben es auf, gegen verschlossene Türen zu rennen.
Wir warten auf dich. Öffne du sie.
Wir rufen zu dir:

Gemeinde: Dein Wille geschehe

Wir lassen uns dir, himmlischer Vater.
Wir gehören dir, großer Gott.
Du hast uns in deiner guten Hand.
Wir danken dir.

STILLES GEBET

VATERUNSER

SCHLUSSLIED
    Dein Will gescheh, Herr Gott, zugleich (EG 344,4)

SEGEN

ORGELNACHSPIEL

Die vierte Bitte

Unser täglich Brot gib uns heute

ORGELVORSPIEL

LIED
    Komm, Heiliger Geist (EG 156)

Votum und Begrüßung

Im Namen des Vaters und des Sohnes und des Heiligen Geistes. Amen.

Wir feiern Erntedank. Wir feiern Gottesdienst und danken Gott für den Ertrag des Erntejahres. Wir bringen Gott unseren Dank dafür, dass er unser Gebet erhört hat, wenn wir mit den Worten des Vaterunser gebeten haben: „Unser täglich Brot gib uns heute." Gott hat uns unser tägliches Brot in Fülle gegeben, weit mehr als wir für den Tag und das Heute brauchen.

„Unser täglich Brot gib uns heute." Diese vierte Bitte des Vaterunser soll beim heutigen Erntedankfest im Mittelpunkt unseres Gottesdienstes stehen. Wir denken darüber nach, worum wir hier eigentlich bitten. Wir machen uns bewusst, wie unser himmlischer Vater diese Bitte erfüllt hat.

Das Erste und Augenfälligste ist dabei auch in diesem Jahr sicherlich, dass Gott die Erde durch das Wohl tun seiner Hand gesegnet hat.

Eingangslied
   Herr, die Erde ist gesegnet (EG 512,1–6)

Psalm 145[7] (im Wechsel zwischen Liturg und Gemeinde)

   Gemeinde: Ehr´ sei dem Vater (Gloria patri)

Aufforderung zum Bittruf (Kyrie)

„Unser täglich Brot gib uns heute",
so bitten wir im Vaterunser.
Aber erwarten wir wirklich von *Gott* das,
was wir zum Leben brauchen?
Und ist es uns bewusst,
dass das tägliche Brot keineswegs selbstverständlich ist,
sondern Geschenk *Gottes,*
das *er* uns aus Erbarmen gibt?
Weil wir aber allein von Gottes Erbarmen leben,
gestern und heute und immer wieder neu,
darum lasst uns rufen:

Gemeinde: Herre Gott, erbarme dich (Kyrie)

Aufforderung zum Lobpreis (Gloria)

Gott gibt uns unser täglich Brot.
Er gibt uns weit mehr,
als wir davon wirklich zum Leben brauchen.
Überreich hat er uns in unserem Leben mit den Gütern dieser Erde beschenkt.
Deshalb loben wir ihn und singen:

Gemeinde: Ehre sei Gott in der Höhe (Gloria)

7 Der Psalm findet sich mit unterschiedlicher Zählung in allen Regionalteilen des Evangelischen Gesangbuches.

Eingangsgebet

Gott, unser himmlischer Vater, wir danken dir, dass du die Erde fruchtbar gemacht hast. Was auf ihr wächst, erfreut das Auge. Das täglich Brot, das du gibst, macht uns satt.

Wir bitten dich: Hilf uns gerecht verwalten, was du uns anvertraut hast. Hilf uns gerecht teilen, was wir von dir geschenkt bekommen haben.

Das bitten wir durch Jesus, deinen Sohn, der mit dir in der Gemeinschaft des Heiligen Geistes lebt und Leben schenkt in Ewigkeit.

Gemeinde: Amen

SCHRIFTLESUNG
    Lukas 12,15–21

    Gemeinde: Halleluja

GLAUBENSBEKENNTNIS

LIED
    Wir pflügen und wir streuen (EG 508,1–4)

Predigt

Liebe Gemeinde!

Am Erntedankfest danken wir Gott für das, worum wir in der vierten Bitte des Vaterunser täglich bitten: *Unser tägliches Brot gib uns heute.* Wir danken Gott dafür, dass er unser Gebet erhört und uns auch im zurückliegenden Erntejahr genug Brot für jeden Tag gegeben hat. Mehr als genug! Selbst diejenigen unter uns, denen ihre wirtschaftliche Situation große existentielle Sorgen bereitet, sind mit dem lebensnotwendigen Brot für jeden Tag mehr als überhäuft worden. Gott hat uns allen unendlich viel mehr gegeben, als wir wirklich zum Leben brauchen. Und so haben wir allen Grund, dankbar zu sein.

Das ist für über die Hälfte der Menschen auf unserer Erde anders. Für 50 % der Weltbevölkerung ist die vierte Bitte des Vaterunser „Unser tägliches Brot gib uns *heute*" eine ganz existentielle Bitte. Für sie ist es nämlich alles andere als selbstverständlich, täglich satt zu werden. Und sie gleichen darin den Menschen, mit denen Jesus es in seiner Heimat Galiläa am See Genezareth im Lande Israel damals zu tun hatte. Es waren nämlich vor allem die Armen und Bedürftigen, die mit Jesus Umgang hatten. Es waren Menschen, die am Morgen meist noch nicht wussten, ob sie diesen Tag satt werden würden. Es waren Tagelöhner, für die es keineswegs sicher war, ob sie heute Arbeit finden, um am Abend Brot für ihre Familien zu haben. Und sie ermuntert Jesus, zu ihrem himmlischen Vater zu beten und zu bitten: *Unser tägliches Brot gib uns heute.*

Wir können in unserem reichen Deutschland und als Menschen, die immer auf Sicherheit bedacht sind und lieber wie der reiche Kornbauer im Gleichnis Jesu für Jahre planen und vorsorgen als für den nächsten Tag, kaum nachempfinden, in welcher Armut Menschen leben können – damals wie heute. Sicher, es gibt auch in unserem Land immer mehr, die sich ganz große finanzielle Sorgen machen müssen und nicht wissen, wie sie die täglichen Ausgaben bestreiten sollen. Sicher, es gibt auch in unserem Land immer mehr, die unter die bundesdeutsche Armutsgrenze fallen, obwohl gleichzeitig die Deutschen insgesamt ständig reicher werden. Wir nähern uns auch in unserem Land Verhältnissen wie in den USA, dem reichsten Land der Welt, das zwar über die Hälfte des gesamten weltweiten Reichtums besitzt, aber in dem doch jeder achte Bewohner als arm gilt. Und es sind nicht wenige darunter, die auch an Hunger leiden. Aber im Unterschied zu diesen armen Menschen in den USA und erst recht im Unterschied zu den unzähligen Millionen in den wirklich armen Ländern unserer Erde muss bisher in unserem Land noch so gut wie keiner hungern. Zumindest nicht mehr. Die Kriegs- und Nachkriegsgeneration wüsste hier durchaus noch anderes zu erzählen. Aber gegenwärtig bekommt hier noch nahezu jeder sein tägliches Brot.

Wer von uns aber Essen im Kühlschrank, Kleider am Leib, ein Dach über dem Kopf und einen Platz zum Schlafen hat, ist reicher als 75 % der Menschen dieser Erde. Und wer dazu noch Geld auf der Bank, im Portemonnaie oder im Sparschwein hat, gehört zu den privilegierten 8 % dieser Welt.

Wie aber können wir dann eigentlich ernsthaft in die vierte Bitte des Vaterunser einstimmen *Unser tägliches Brot gib uns heute?* Denn bei dieser Bitte um das tägliche Brot geht es ja nicht um die Sicherung des Wohlstandes, nicht um Wirtschaftswachstum, sondern um das nackte Überleben von Einzelnen und Familien. Es geht nicht um das Brot für die nächsten Jahre, sondern ganz real um das notwendige Brot für diesen Tag.

Ist diese Bitte also für uns im reichen Deutschland unnütz? Keineswegs! Sie steht vielmehr auch für uns mit Recht am Anfang jener vier Vaterunserbitten, in denen wir unsere Anliegen vor Gott bringen. Es lohnt sich, auch über diese Bitte noch ein wenig gründlicher nachzudenken.

Unser tägliches Brot *gib* uns heute. Diese Bitte setzt voraus, dass wir beim täglichen Brot Empfangende sind und Gott der Geber. Das sollte eigentlich selbstverständlich sein, ist es aber ganz und gar nicht. Die meisten Menschen heute erfahren in der Gabe des täglichen Brotes nicht mehr Gott. Und sie erfahren das tägliche Brot auch nicht mehr als Gabe, die sie empfangen haben.

Das tägliche Brot ist vielmehr ein Produkt geworden, das vermarktet wird und über das man meint, selbst verfügen zu können. Sein Besitz gilt bei uns als selbstverständlich. Aber das, was für uns Christen eigentlich selbstverständlich sein soll, dass nämlich das tägliche Brot eine liebevolle Gabe unseres himmlischen Vaters ist, dass er es uns durch die Mutter Erde zur Verfügung stellt, das ist uns heute alles andere als selbstverständlich. Deshalb bedankt sich ja auch kaum noch jemand bei unserem himmlischen Vater für die empfangenen Gaben – weder zuhause bei Tisch noch hier im Gottesdienst. Erst wenn – wie in diesem Jahr 2005 – der Sommer zu nass ist und wir feststellen, dass die Weizenernte nicht zum Brotbacken taugt, kommt wenigstens bei einigen eine Ahnung auf, dass unser tägliches Brot doch kein uns bedingungslos zur Verfügung stehendes Lebensmittel ist.

Unser tägliches Brot gib *uns* heute. Als Christen beten wir das Vaterunser ja nicht allein, sondern wir sind bei diesem Gebet verbunden mit allen Christen auf Erden: mit den reichen und armen, den hungrigen und satten, mit den Christen Afrikas, Asiens und Amerikas ebenso wie mit denen Australiens und Europas. Wir alle leben wie auch alle Nichtchristen davon, dass unser himmlischer Vater uns unser tägliches Brot gibt. Und Gott erhört unser Gebet. Er gibt uns Menschen das tägliche Brot. Er gibt so viel, dass jeder Mensch dieser Erde satt werden kann, dass jeder das bekommen kann, was er notwendig zum Leben braucht.

Das Problem ist nur, dass wir das, was Gott uns gibt und was für alle gedacht ist, nicht an alle und schon gar nicht gleichmäßig verteilen. Wir geben von dem, was Gott uns gibt, nichts oder zumindest zu wenig ab. Stattdessen horten wir bei uns Reichtum und Wohlstand, während die Hälfte der Weltbevölkerung unter- oder mangelernährt ist. Und weil wir das, was Gott uns gibt, nicht mit anderen teilen, sondern bei uns horten, leben wir auf Kosten anderer. Das aber ist nicht der Wille Gottes. Wenn wir hingegen beten: „*Unser* tägliches Brot gib *uns* heute", dann wird uns bewusst: Unser himmlischer Vater gibt es uns allen. Wir verdienen es nicht mehr als andere. Sondern es ist Gabe und Geschenk Gottes. Und dafür haben wir allen Grund, Gott zu danken. Und da es nicht nur Geschenk für mich, sondern für uns Menschen insgesamt ist, haben wir auch allen Grund, es zu teilen, denn es gehört ja nicht nur uns.

In einem neueren Lied aus unserem Gesangbuch, das wir gleich singen werden, bitten wir (EG 464,1):

„Herr, gib uns unser täglich Brot.
Lass uns bereit sein, in der Not
zu teilen, was du uns gewährt.
Dein ist die Erde, die uns nährt,"

Wer diese Liedstrophe von Herzen beten kann, wer erkannt hat, dass es einzig und allein Gottes Erde ist, die uns nährt, der wird nicht nur Gott dafür danken, dass er uns Brot in Fülle gegeben hat, sondern der wird auch das Seine dazu beitragen, dass dieses Brot an die Hungernden dieser Erde verteilt wird. Wir sind in unserem Land bevorzugt vor Milliarden Menschen, die ohne Arbeit, ohne ärztliche Versorgung, ohne sanitäre Einrichtungen und ohne Brot in den Slums oder Dürregebieten dieser Erde umkommen. Wenn wir also beten: *Unser tägliches Brot gib uns heute,* dann bitten wir: Gib uns und allen Menschen das, was wir zum Leben brauchen und lass uns dazu beitragen, dass es gerecht verteilt wird.

Unser tägliches *Brot* gib uns heute. Mit Brot meinen wir ja nicht nur den Brotlaib, den wir anschneiden und essen. Brot ist für uns zugleich auch ein Bild. Zunächst für alle Lebensmittel überhaupt. Also für die Früchte der Gärten und Äcker, mit denen unsere Erntedankaltäre regelmäßig geschmückt sind. Es gibt ein Plakat von BROT FÜR DIE WELT, wo unsere Vaterunserbitte ein wenig abgewandelt ist. Sie lautet dort: „Unser tägliches Wasser gib uns heute." Und BROT FÜR DIE WELT will damit darauf hinweisen, dass mehr als eine Milliarde Menschen auf unserer Erde keinen Zugang zu sauberem Trinkwasser haben, obwohl Wasser genauso notwendig ist wie das tägliche Brot.

Brot, das ist aber noch mehr als nur ein Bild für Lebensmittel. Martin Luther sagt in seinem kleinen Katechismus, dass wir mit der Bitte *Unser tägliches Brot gib uns heute* um all das bitten, was wir wie das tägliche Brot zum Leben notwendig brauchen. Und das ist ja nicht nur die Nahrung, sondern das ist ja viel mehr: Das ist etwa die Liebe unserer Eltern oder umgekehrt unserer Kinder, das ist Fürsorge und Rücksichtnahme, der Ehepartner oder das Dach über dem Kopf, Anerkennung und Entgegenkommen, Friede und Gesundheit. Das, was wir unbedingt zum Leben brauchen, mag bei jedem von uns etwas verschieden sein, aber es ist bei uns allen doch mehr als nur das Brot zum Essen. Und um all das bitten wir, wenn wir beten: Unser tägliches *Brot* gib uns heute.

Und für all das danken wir unserem himmlischen Vater, wenn wir es von ihm empfangen haben. Denn es sind Gaben, die von ihm kommen, selbst wenn sie uns durch andere

Menschen zuteil werden. Es ist mit ihnen vielfach genauso wie mit dem Brot: „Es geht durch unsre Hände, kommt aber her von Gott."

Wenn wir also im Vaterunser beten: *Unser tägliches Brot gib uns heute,* dann tun wir es zum einen im Gedenken an die unzähligen Menschen, für die das tägliche Brot alles andere als selbstverständlich ist.

Zum anderen beten wir diese Bitte in dem Glauben, dass all das, was wir an Brot und an Wohlstand haben, nicht von uns selbst kommt, sondern allein von Gott, und wir ihm deshalb dafür zu danken und es zu teilen schuldig sind.

Und wir beten die vierte Bitte schließlich in dem Bewusstsein, dass „Brot" auch all das Andere einschließt, was wir über das Essen und Trinken hinaus zum Leben unbedingt brauchen und was wir von unserem himmlischen Vater täglich neu empfangen. Und weil all das nicht selbstverständlich ist, weil wir es nicht verdient haben, sondern weil es Gabe und Geschenk Gottes ist, deshalb wollen wir ihn täglich neu bitten: *Unser tägliches Brot gib uns heute.* Amen.

LIED
    Herr, gib uns unser täglich Brot (EG 464,1–2)

Fürbittengebet

Lasst uns beten und gemeinsam rufen: „Unser tägliches Brot gib uns heute"

Lieber Vater im Himmel, täglich nehmen wir vieles als selbstverständlich hin: Essen und Trinken, Gesundheit, Arbeitskraft, Erfolge und Freude. Wir denken erst nach, wenn uns etwas fehlt, wenn wir auf Schwierigkeiten stoßen – manchmal auch, wenn wir die Not anderer miterleben.

Himmlischer Vater, hilf uns dankbar sein, dir und den Menschen. Hilf uns gerecht sein und mit anderen teilen, damit alle von dem Brot erhalten, das du uns gibst. Für sie und für uns rufen wir zu dir:

Gemeinde: Unser tägliches Brot gib uns heute

Es gibt so viel Elend auf der Welt. Menschen hungern und sterben an Hunger. In anderen Ländern fehlt, woran wir zuviel haben. Wir denken heute vor allem an die Menschen in Asien und Afrika, die an Hunger und fehlendem Trinkwasser leiden.

Himmlischer Vater, wecke Hilfsbereitschaft bei uns und an allen Orten, wo Wohlstand herrscht. Mach uns willig, die Notleidenden in unserem eigenen Land und anderswo mit allem, was sie jetzt brauchen, zu versorgen. Für sie und für uns rufen wir zu dir:

Gemeinde: Unser tägliches Brot gib uns heute

Nicht vom Brot allein leben wir, sondern es gibt vieles, was wir genau so dringend brauchen wie das tägliche Brot: die Liebe unserer Mitmenschen, Zuspruch und Ermunterung, Beistand in Nöten und Freunde, wenn wir einsam sind, Gesundheit und Frieden. Und nicht zuletzt dein Wort, von dem wir leben.

Himmlischer Vater, schenke uns und anderen diese für das Leben doch so notwendigen Dinge, und zeige uns, wo du sie anderen durch uns schenken willst, damit wir alle das erhalten, was wir ganz grundlegend zum Leben benötigen. Um all dies bitten wir dich, wenn wir zu dir rufen:

Gemeinde: Unser tägliches Brot gib uns heute

Wir machen uns Sorgen um die Zukunft. Wir fragen uns, wie unser Leben aussähe ohne den Wohlstand, den wir gewohnt sind. Wir bedenken, was Jesus gesagt hat: „Niemand lebt davon, dass er viele Güter hat."

Himmlischer Vater, hilf uns dankbar zu sein für alles, was wir von dir empfangen haben, und doch davon unabhängiger zu werden. Schenke uns Vertrauen in deine Fürsorge, dass wir glauben können, dass du für uns sorgst, wenn wir dich von Herzen bitten. Zu dir rufen wir:

Gemeinde: Unser tägliches Brot gib uns heute

STILLES GEBET

VATERUNSER

SCHLUSSLIED
    Gib uns heut unser täglich Brot (EG 344,5)

SEGEN

ORGELNACHSPIEL

Die fünfte Bitte

Vergib uns unsere Schuld

ORGELVORSPIEL

LIED   Komm, Heiliger Geist (EG 156)

Votum und Begrüßung

Im Namen des Vaters und des Sohnes und des Heiligen Geistes. Amen.

In unserer Gottesdienstreihe zum Vaterunser geht es heute um die fünfte Bitte: „Und vergib uns unsere Schuld, wie auch wir vergeben unseren Schuldigern." Diese Bitte führt uns mitten hinein in unser alltägliches Leben. Denn das erfahren wir ja ständig, dass Menschen an uns schuldig werden, dass sie uns enttäuschen und unser Vertrauen missbrauchen. Erleben wir aber auch, dass es uns selbst in Bezug auf Gott und unsere Mitmenschen nicht anders geht? Wie ist das mit unserer eigenen Schuld – an und vor Gott und an und vor unseren Mitmenschen?

Im Angesicht Gottes, unseres himmlischen Vaters, der uns liebevoll und gnädig zugewandt ist, dürfen wir in diesem

Gottesdienst diese Fragen bedenken, weil wir in Jesus Christus einen Fürsprecher haben.

EINGANGSLIED
>Herr Jesu, Gnadensonne (EG 404,1–4)

PSALM 51[8] (im Wechsel zwischen Liturg und Gemeinde)
>Gemeinde: Ehr´ sei dem Vater (Gloria patri)

Aufforderung zum Bittruf (Kyrie)

Viele Menschen leiden unter der Last ihrer Schuld,
suchen Befreiung und finden sie nicht.
Viele Menschen verdrängen und überspielen ihre Schuld,
tragen sie mit sich herum, ohne es zu merken,
und gehen doch letztlich daran zu Grunde.
Sie und wir alle brauchen das Erbarmen Gottes.
Darum lasst uns rufen:

Gemeinde: Herre Gott, erbarme dich (Kyrie)

Aufforderung zum Lobpreis (Gloria)

Wir alle leben davon, dass Schuld vergeben wird.
Wir alle haben schon oft von unseren Mitmenschen
Vergebung empfangen.
Und wir alle haben von Gott schon oft die Kraft bekommen,
anderen zu vergeben,
wie er selbst uns schon so oft vergeben hat.
Deshalb loben wir ihn und singen:

Gemeinde: Ehre sei Gott in der Höhe (Gloria)

---

8 Der Psalm findet sich mit unterschiedlicher Zählung in allen Regionalteilen des Evangelischen Gesangbuches.

Eingangsgebet

Gott, unser himmlischer Vater, wir kommen heute Morgen zu dir mit unserem Leben, das nicht so ist, wie es nach deinem Willen sein soll, und über das du dich doch erbarmen willst.

Wir kommen zu dir mit unserem Versagen und unserer Schuld, die da ist, ob wir sie uns bewusst machen oder nicht, ob sie uns belastet oder nicht.

Wir bitten dich: Vergib, wo wir an uns selbst, an unseren Mitmenschen und an dir schuldig geworden sind.

Das bitten wir im Vertrauen auf deinen Sohn Jesus Christus, der für unsere Schuld in den Tod gegangen ist.

Gemeinde: Amen

SCHRIFTLESUNG
> Matthäus 18,21–35
>
> Gemeinde: Halleluja

GLAUBENSBEKENNTNIS

LIED
> So jemand spricht: „Ich liebe Gott" (EG 412,1.5–6.8)

Predigt

Liebe Gemeinde!

Der Predigttext für heute ist die fünfte Bitte des Vaterunser: *Und vergib uns unsere Schuld, wie auch wir vergeben unseren Schuldigern.*

Bleiben wir zunächst einmal beim ersten Teil, bei der eigentlichen Bitte: *Und vergib uns unsere Schuld.* Wie leicht fällt es uns eigentlich, diese Bitte auszusprechen? Wenn wir gegenüber unseren Eltern, unseren Nachbarn oder sonst jemandem einen Fehler begangen haben und sollen oder wollen uns nun entschuldigen, dann fällt uns dies in der Regel unendlich schwer. Zu sagen: „Es tut mir leid. Ich habe falsch gehandelt. Bitte vergib mir!", ist alles andere als leicht. Das ist bei jungen Menschen nicht anders als bei älteren, bei Kindern nicht anders als bei Senioren. Einen anderen Menschen um Vergebung begangener Verfehlungen zu bitten, ist ein schwerer Weg und eine schwere Bitte.

Wo wir uns einem anderen Menschen gegenüber verfehlt haben, sind wir aber an ihm schuldig geworden. Denn Schuld entsteht dort, wo wir einem Menschen etwas Unrechtmäßiges getan haben und ihm also das Recht schuldig geblieben sind. Schuld entsteht aber auch dort, wo wir unserem Nächsten eine helfende und gute Tat schuldig geblieben sind, die er von uns hätte erwarten können und die wir ihm versagt haben. Egal ob wir unserem Mitmenschen nun das Recht oder die Liebe schuldig geblieben sind, wir sind damit zugleich auch Gott gegenüber schuldig geworden. Denn Gott erwartet von uns als seinen Geschöpfen, dass wir unserem Nächsten kein Unrecht tun, sondern ihn vielmehr lieben wie uns selbst. Darum ist jede Schuld gegen einen Mitmenschen zugleich auch Schuld gegen Gott.

Schuld gegen Gott ist aber noch mehr: Gott hat uns unser Leben gegeben, mit dem wir ihm dienen sollen. Er hat uns in seine Schöpfung gestellt, die wir pflegen und bewahren, aber nicht zerstören sollen. Er hat uns gute Gaben anvertraut, die wir teilen, aber nicht für uns behalten und horten sollen. So viel hat Gott uns gegeben und geliehen. Wir sind vor ihm und unseren Mitmenschen verantwortlich, mit den uns anvertrauten Gaben und Fähigkeiten angemessen umzugehen und mit unserem Leben Gott zu ehren. Doch wo wir dieser Verantwortung nicht nachkommen, da werden wir schuldig: an Gott und an unserem Nächsten. Und diese Schuld bewirkt, dass unsere Beziehung zu unseren Mitmenschen gestört wird und zugleich auch unsere Beziehung zu Gott.

Wenn wir nun unter diesen Gesichtspunkten auf unser bisheriges Leben zurückblicken, ja selbst wenn wir nur am Abend eines Tages auf die verbrachten Stunden zurückblicken, müssen wir feststellen: Wir sind nicht nur gegenüber unseren

Mitmenschen, sondern auch gegenüber Gott tatsächlich schuldig geworden.

Wie ist das nun aber mit unserer Bitte um Vergebung gegenüber Gott? Fällt es uns da leichter als bei unseren Mitmenschen? Ich habe bisweilen bei mir selbst und bei vielen anderen den Eindruck, dass das durchaus der Fall ist. Gott um Vergebung unserer Schuld bitten, fällt uns im Allgemeinen gar nicht so schwer. Warum ist das so? Ich würde sagen: Weil wir Gott gegenüber kein Schuldbewusstsein mehr haben.

Wir empfinden entweder unsere Schuld nicht mehr als Not und Last, von der wir befreit werden müssten, um wieder aufzuatmen und neu aufzuleben. Oder mehr noch: Wir empfinden überhaupt keine wirkliche Schuld mehr vor Gott, die uns leid täte und für die wir Vergebung erbitten wollen. Wir erleben Schuld nicht mehr als etwas, das zwischen uns und Gott steht, unsere Beziehung belastet und uns von ihm trennt.

Ich habe schon oft in Konfirmandengruppen, als wir das Thema Abendmahl und das Sündenbekenntnis vor dem Abendmahl behandelt haben, die Konfirmanden gebeten: Schreibt einmal, jeder für sich und ohne dass es später vorgelesen wird, auf, wo ihr vor Gott schuldig geworden seid. Und ich habe in jeder Gruppe von nahezu allen Konfirmanden zu hören bekommen: „Ich weiß gar nicht, was ich schreiben soll." Für die Konfirmanden war es unmöglich, eigene Schuld vor Gott beim Namen zu nennen.

Und das, liebe Gemeinde, ist nach meinem Eindruck gar kein spezielles Problem von Konfirmanden. Es ist ja bei uns Erwachsenen nicht anders. Konfirmandeneltern würden sich genau so schwer tun, ihre ganz persönliche Schuld vor Gott aufzuschreiben wie auch so manche andere, die regelmäßig hier im Gottesdienst zu finden sind.

Wenn es in der Dorfgemeinde, in der ich früher Pfarrer war, darum ging, warum so wenige Leute zum Abendmahl gehen, dann bekam man regelmäßig zu hören: „Ich kann doch nicht so oft am Abendmahl teilnehmen. Nachher denken die Leute noch, ich hätte so viel gesündigt." Und ich weiß auch jetzt von einigen aus unserer Gemeinde, dass sie genau so denken. Junge wie alte Menschen empfinden heute nicht mehr so etwas wie Schuld gegenüber Gott. Und wo sie dann doch wahrgenommen wird, da wird sie zumindest nicht als Belastung empfunden, von der man sich Befreiung wünscht.

Warum aber lehrt Jesus uns dann zu beten: *Und vergib uns unsere Schuld?* Das setzt doch voraus, dass es Schuld gibt, die uns vergeben werden müsste. Und nicht nur das: Jesus hat ja gemeint, dass wir das Vaterunser jeden Tag beten sollen. Und so wie wir täglich um das notwendige Brot für heute bitten, so sollen wir auch täglich um die notwendige Vergebung unserer Schuld bitten. Warum eigentlich? Ist diese Bitte wirklich so notwendig?

Das Wort, das Jesus hier für „Schuld" gebraucht, meint ursprünglich die „Geldschuld". Und Jesus will damit sagen: Mit der Sündenschuld verhält es sich wie mit einem, dem Geld geliehen worden ist. Er hat nun Schulden und er wird seine Schulden eines Tages zurückzahlen müssen – mit Zins und Zinseszins. In unserer Gesellschaft, in der die Reichen immer reicher werden und andererseits immer mehr kleine Betriebe und Haushalte überschuldet sind und unter ihrer Schuldenlast schmerzhaft und verzweifelt leiden, können wir vielleicht durch diesen Vergleich von Sündenschuld und Geldschuld besser nachempfinden, was es mit Schuld auf sich haben kann. Nicht nur im Vaterunser, sondern auch in dem Gleichnis, das wir eben gehört haben, sagt Jesus: Du stehst vor Gott wie einer, der Schulden hat und sie begleichen muss, und der das nicht kann.

Ja mehr noch, sagt Jesus: Du stehst vor Gott wie ein Knecht vor seinem König, der ihm zehntausend Zentner Silber schuldig ist. Eine immense Summe. Kein Mensch kann im realen Leben so viel Schulden machen. Aber darauf kommt es hier nicht an. Wichtig ist vor allem: Kein Mensch kann diese Summe je zurückzahlen. Noch wichtiger aber ist: Man kann diese zentnerschwere Schuldenlast nur loswerden, wenn sie einem erlassen wird, so wie der König im Gleichnis seinem Knecht das schuldige Silber erlassen hat.

Und so verhält es sich auch mit unserer Schuld gegenüber Gott: Sie ist da. Sie muss beglichen werden. Sie beeinträchtigt unser Leben, häufig sogar ohne dass wir es merken. Sie steht zwischen uns und Gott und belastet nachhaltig unser Verhältnis zu ihm, ob sie uns nun bewusst ist oder nicht. Aber wir können sie aus eigenem Vermögen unmöglich begleichen. Denn das, was wir an der Schöpfung kaputt gemacht haben, was wir in der Beziehung zu unseren Mitmenschen kaputt gemacht haben, das, was wir in unserem Leben ohne Gott gemacht haben, das können wir von uns aus nicht wieder gut machen. Wir sind vielmehr darauf angewiesen, dass uns unsere Schuld vergeben wird. Vergebung aber ist nichts anderes als geschenkte Schuld. So wie im Gleichnis der König seinem Knecht die nicht zu bezahlende Schuld schenkt, so, sagt Jesus, will es auch unser Vater im Himmel machen. Deshalb bittet ihn um Vergebung eurer Schuld, damit das, was die Beziehung zu ihm und zu unseren Mitmenschen zerstört hat, weggenommen und Gemeinschaft wieder möglich wird. Vergebene Schuld eröffnet uns neue Beziehungen und Lebensmöglichkeiten.

Die Bitte „*Vergib uns unsere Schuld*" setzt also die Einsicht und Erkenntnis voraus, dass wir Schuld haben, die unsere Beziehung zu Gott, zu unseren Mitmenschen und Mitgeschöpfen, ja sogar zu uns selbst stört. Sie setzt voraus, dass wir ganz und gar auf Gottes Vergebung angewiesen sind, da begangene Schuld von uns nicht wieder gut gemacht werden kann. Und diese Bitte setzt schließlich das Vertrauen voraus, dass wir in Gott einen gütigen Vater haben, der Schuld vergibt, dadurch gestörte Beziehungen aufhebt, um neue Gemeinschaft und neue Lebensqualitäten zu ermöglichen.

Die von Gott empfangene Vergebung hat nun aber auch Auswirkungen auf unsere Beziehung zu unseren Mitmenschen. Davon redet die zweite Hälfte unserer Bitte: *wie auch wir vergeben unseren Schuldigern*. Dieser Nachsatz ist zugleich auch eine Hilfe zum Verstehen der Bitte von der Vergebung unserer Schuld. Was Schuld ist, wissen wir ja keineswegs nur als solche, die Schuld haben und schuldig geworden sind. Sondern was Schuld ist, wissen wir zumeist viel genauer und empfindlicher aus der Perspektive des Gläubigers. Was Schuld ist, das ist uns ja am meisten dort bewusst, wo andere an uns schuldig geworden sind. Und da sind wir dann in der Tat sehr empfindlich und sehr nachtragend. Denn durch die Schuld eines anderen sind wir nicht nur geschädigt worden, sondern meist auch enttäuscht. Das Vertrauen zu einem anderen Menschen ist zerbrochen.

Das ist bei dem Ehepartner der Fall, der betrogen wurde. Das ist dort der Fall, wo ich jemandem etwas geliehen habe und es nicht wieder bekomme. Und das geschieht dort, wo Kinder durch ihren Ungehorsam oder ihre Lieblosigkeit ihre Eltern enttäuschen. Ich denke, jeder von uns wüsste hier noch ein Beispiel anzufügen. Denn wir alle kennen diese Erfahrung, dass jemand an uns schuldig geworden ist und dadurch unser Vertrauen zu ihm zerbrochen ist.

Mit dieser Erfahrung werden wir aber, ganz unfreiwillig, Zeugen für Gott. Mit unseren Erfahrungen können wir darauf hinweisen, wie die Schuld eines Menschen Beziehungen zerstört. Und wir können so deutlich machen, was Schuld für Gott bedeutet, was sie letztlich bei Gott anrichtet: Sie zerbricht die Beziehung zu Gott, so wie der, der an uns schuldig geworden ist, seine Beziehung zu uns zerbrochen hat.

Dennoch, so schwer uns das manchmal auch fällt, machen wir die Erfahrung, dass wir anderen vergeben können: in der Ehe, in der Familie, unter Freunden, am Arbeitsplatz, in der Schule. Ohne Vergebung wäre menschliches Zusammenleben gar nicht möglich. Wie Kinder die Vergebung ihrer Eltern erhalten, wie wir selbst schon oft genug Vergebung von anderen empfangen haben, so haben wir selbst auch schon unzählige Male anderen vergeben. Und wenn wir nun Gott bitten: *Vergib uns unsere Schuld, wie auch wir vergeben unseren Schuldigern,* dann tun wir es als Menschen, die selbst schon vergeben haben. Wir bitten Gott, uns zu gewähren, was wir selbst schon anderen gewährt haben.

Und als Christen, die seit ihrer Taufe von der Vergebung leben und immer wieder neu Gottes Vergebung erfahren, unterscheiden wir uns hoffentlich sehr deutlich von dem Knecht im Gleichnis, dem zwar auch alle Schuld erlassen wurde, der aber statt nun selbst frei und fröhlich anderen ihre Schuld zu erlassen, sie vielmehr auf ihre Schuld anspricht. Er hat von einem Mitknecht sein Recht gefordert, ohne den Schuldenerlass zu berücksichtigen, den er selbst erfahren hat, und er hat so seine Vergebung verspielt. Darum ist der Nachsatz in unserer Bitte ganz wichtig: *wie auch wir vergeben unseren Schuldigern.* Er zeigt, dass die Vergebung, die wir von anderen empfangen und die wir von Gott empfangen, nur dann ihre Wirkung entfaltet, wenn wir auch anderen vergeben. Der Evangelist Matthäus hat diesen Aspekt ganz besonders betont, als er dem Vaterunser unmittelbar den Ausspruch Jesu folgen ließ: „Wenn ihr den Menschen ihre Verfehlungen vergebt, so wird euch euer himmlischer Vater auch vergeben. Wenn ihr aber den Menschen nicht vergebt, so wird euch euer Vater eure Verfehlungen auch nicht vergeben" (Mt 6,14–15).

Was wäre in unserem menschlichen Zusammenleben, im privaten wie im öffentlichen Bereich bis hin zur Weltpolitik, dringlicher als Vergebung, als Befreiung aus dem Teufelskreis von Schuld und schuldhaftem Verhalten, von zerstörtem Vertrauen und Verhärtung in Misstrauen, von Anklagen und Drohen, Richten und Strafen? Denn nicht Vergebung entspricht dem, was Menschen gewöhnlich selbstverständlich tun, sondern an anderen schuldig werden. Vergebung entspricht freilich dem, was Gott gerne tun möchte und was wir alle täglich nötig haben.

Wohl dem, der um seine eigene Schuld vor Gott und vor seinen Mitmenschen weiß, wohl dem, der sie als Last empfindet und Vergebung erfährt, wohl dem, der als von Schuld befreiter Mensch selbst anderen vergeben kann. Deshalb lasst uns täglich Gott bitten: *Und vergib uns unsere Schuld, wie auch wir vergeben unseren Schuldigern.* Amen.

LIED
    O Herr, nimm unsre Schuld (EG 235,1–4)

Fürbittengebet

Lasst uns beten und gemeinsam rufen: Vergib uns unsere Schuld

Vater im Himmel, von deiner Liebe leben wir, auf deine Vergebung sind wir angewiesen.

Du kennst unser Leben. Du weißt, was wir falsch gemacht haben. Vor dir ist nichts verborgen. Was also könnten wir dir sagen, was du nicht schon weißt. Aber du möchtest, dass wir dich um Vergebung bitten. So rufen wir gemeinsam zu dir:

Gemeinde: Vergib uns unsere Schuld

Dich zu lieben von ganzem Herzen, von ganzer Seele und mit allen unseren Kräften, hast du uns aufgetragen. Wir aber haben all zu oft nur uns selbst geliebt und unser Leben nicht nach deinen Geboten ausgerichtet. Deshalb bitten wir dich:

Gemeinde: Vergib uns unsere Schuld

Du bist der Richter der Welt und wirst auch einmal unser Leben richten. Du wirst ein Urteil darüber fällen, was wir aus dem gemacht haben, was du uns gegeben hast. Wir aber müssen dir gestehen, dass wir dir und anderen so viel schuldig geblieben sind. Deshalb bitten wir dich:

Gemeinde: Vergib uns unsere Schuld

Unsere Nächsten zu lieben wie uns selbst, hast du geboten. Wir aber haben sie oft vergessen und übergangen. Wir haben auf Kosten und zum Schaden anderer gelebt. Deshalb bitten wir dich:

Gemeinde: Vergib uns unsere Schuld

Unseren Mitmenschen vergeben, wenn sie an uns schuldig geworden sind, das möchtest du von uns haben. Wir aber waren oft hart und unversöhnlich und nicht zur Vergebung bereit. Deshalb bitten wir dich:

Gemeinde: Vergib uns unsere Schuld

Zeugen deiner Vergebung sollten wir sein. Die Freude über die Befreiung von der Last unserer Schuld sollte man uns ansehen. Als Versöhnte sollten wir andere zur Versöhnung anstiften. Als Menschen, die Vergebung empfangen haben, sollten wir uns für die Bereitschaft zur Vergebung in unserer

Umgebung und weltweit einsetzen. Wir aber sind schlechte Zeugen. Deshalb bitten wir dich:

Gemeinde: Vergib uns unsere Schuld

STILLES GEBET

VATERUNSER

SCHLUSSLIED
    All unsre Schuld vergib uns, Herr (EG 344,6)

SEGEN

ORGELNACHSPIEL

Die sechste Bitte

Führe uns nicht in Versuchung

ORGELVORSPIEL

LIED
    Komm, Heiliger Geist (EG 156)

Votum und Begrüßung

Im Namen des Vaters und des Sohnes und des Heiligen Geistes. Amen.

„Führe uns nicht in Versuchung." Diese sechste Bitte des Vaterunser soll heute unser Thema sein. Mit den Liedern, Gebeten und Texten dieses Gottesdienstes wollen wir bedenken und zum Ausdruck bringen, was es mit den Versuchungen auf sich hat und warum diese Bitte für uns Christen von so zentraler Bedeutung ist.

Doch worum immer es bei den Versuchungen geht, wir brauchen darauf nicht angststarrt und wehrlos zu blicken wie das Kaninchen beim Anblick der Schlange, sondern wir dürfen wissen, dass wir einen Helfer haben, den wir um seinen Beistand bitten dürfen und der uns diesen nicht versagen wird.

Eingangslied
> Komm, o komm, du Geist des Lebens
> (EG 134,1–2.6–7)

Psalm 31[9] (im Wechsel zwischen Liturgie und Gemeinde)

> Gemeinde: Ehr′ sei dem Vater (Gloria patri)

Aufforderung zum Bittruf (Kyrie)

Versuchungen lauern viele auf unserem Weg,
kleine, die uns verführen wollen zu Dingen,
die nicht gut für uns sind,
und große, die uns vom Glauben und vom
ewigen Leben abbringen wollen.
Deshalb sind wir angewiesen auf Gottes Beistand
und Erbarmen und rufen:

Gemeinde: Herre Gott, erbarme dich (Kyrie)

Aufforderung zum Lobpreis (Gloria)

Versuchungen begegnen uns viele,
wie sie Jesus selbst begegnet sind.
Er wurde versucht wie wir, doch ohne Sünde.
Darum kann er denen helfen, die versucht werden.
Dafür loben wir Gott und singen:

Gemeinde: Ehre sei Gott in der Höhe (Gloria)

---

9 Der Psalm findet sich mit unterschiedlicher Zählung in allen Regionalteilen des Evangelischen Gesangbuches mit Ausnahme von Bayern/Thüringen und Mecklenburg.

Eingangsgebet

Gott, himmlischer Vater, du hast uns den Glauben geschenkt und uns in die Nachfolge Jesu gerufen. Aber unser Glaube ist schwach und gefährdet. Deshalb bitten wir dich um deinen Beistand, dass du uns vor allen Versuchungen bewahrst, durch die uns der Glaube verloren gehen könnte, und dass du uns hilfst, den vielen Versuchungen des täglichen Lebens zu widerstehen. Das bitten wir im Vertrauen auf deinen Sohn Jesus Christus, der in der Einheit mit dir und dem Heiligen Geist lebt und regiert von Ewigkeit zu Ewigkeit.

Gemeinde: Amen

SCHRIFTLESUNG
> Matthäus 4,1–13
>
> Gemeinde: Halleluja

GLAUBENSBEKENNTNIS

LIED
> Jesu, hilf siegen (EG 373,1–4)

Predigt

Liebe Gemeinde!

Heute soll es um die sechste Bitte des Vaterunser gehen: *Und führe uns nicht in Versuchung.*

Diese Bitte scheint nun freilich alles andere als aktuell zu sein. Denn wer das Leben genießen will, so ist es heute vor allem in der jüngeren und mittleren Generation feste Überzeugung, der muss den Versuchungen des Lebens nachgeben. Und es ist vor allem die Werbung, die uns täglich unendlich viele Versuchungen vor Augen stellt, denen wir unbedingt nachgeben sollen, damit wir nur ja die umworbenen Produkte kaufen. Dafür verspricht sie uns denn auch fast alles:

Für den Kauf des richtigen Parfums erhält man den Traumpartner. Für den richtigen Bausparvertrag gibt es ein harmonisches Familienleben. Verwendet eine Frau das richtige Haarfärbemittel, dann stehen die Männer bei ihr Schlange. Das richtige Auto bewahrt vor jeglichem Unfall, lässt die Flamingos vor Ehrfurcht erstarren und selbst einen routinierten Rennfahrer auf dem Beifahrersitz friedlich schlafen, während seine Frau die Kurven schneidet. Und die richtigen Medikamente lassen einen ewig jung und gesund bleiben.

Spätestens seit der „zartesten Versuchung, seit es Schokolade gibt", haben Versuchungen ihre Schrecken verloren. In der Welt des Konsums geht es nicht mehr um Versuchungen, sondern um Versprechungen. Die Werbung will uns zum Kauf bestimmter Produkte versuchen, weil diese uns eine Steigerung der Lebensqualität versprechen, ja, weil wir angeblich ohne sie gar nicht richtig leben würden.

Wie rückwärtsgewandt, überholt und antiquiert wirkt dagegen die sechste Bitte des Vaterunser: *Und führe uns nicht in Versuchung.* Sollte es tatsächlich Versuchungen geben, denen man besser nicht nachgeben sollte?

Wer nun freilich jetzt eine Predigt über moralische Versuchungen erwartet, die uns im Leben alltäglich begegnen und vor denen wir uns hüten sollten, der wird freilich enttäuscht werden. Sicher könnte ich jetzt mit Recht vor der Versuchung warnen, den Versprechen der Werbung auch nur ein Wort zu glauben und ihnen so zu erliegen. Und das gilt auch für die Versprechen der politischen Werbung, die für unser Land – immerhin eines der reichsten Länder der Erde – noch mehr wirtschaftliches Wachstum und Wohlstand verheißen und davon – aus christlicher Sicht eine Gotteslästerung! – das Glück für uns alle abhängig sein lässt.

Um all diese Versuchungen geht es in der sechsten Bitte des Vaterunser allerdings überhaupt nicht. Versuchung ist hier nicht der Zigarettenduft, der einen zum Kauf einer Packung verführt, obwohl man gerade mit dem Rauchen aufgehört hat. Versuchung ist hier auch nicht das Glas Bier, das den ehemaligen Alkoholiker zum Rückfall veranlasst, oder die Drogen, die unsere Jugendlichen schon in der Schule angeboten bekommen, oder die schöne Nachbarin, geschweige denn das Stück Torte oder eine Tafel Schokolade.

Diese Versuchungen, die das Leben jeden Tag mit sich bringt, sind solche Versuchungen, von denen der Jakobusbrief (1,13–15) des Neuen Testaments sagt: „Niemand sage, wenn er versucht wird, dass er von Gott versucht werde. Denn Gott … selbst versucht niemand. Sondern ein jeder, der versucht wird, wird von seinen eigenen Begierden gereizt und gelockt. Danach, wenn die Begierde empfangen hat, gebiert sie die Sünde; die Sünde aber, wenn sie vollendet ist, gebiert den Tod."

Solche Versuchungen begegnen uns täglich und sind uns allen nur zu gut vertraut. Das fängt beim Diabetiker an, der sich mit seiner Begierde nach Schokolade nicht zurückhalten kann, und endet bei dem Staatsmann, den seine Begierde zur Macht einen Krieg vom Zaun brechen lässt. Das Ende ist in der Tat der Tod. Es wäre uns allen nur zu wünschen, dass keiner von uns diesen Versuchungen erliegt, zumal es Versuchungen sind, die nun wirklich da sind und in die wir ständig hineingeraten. Deshalb ist in diesen Situationen die Bitte zu unserem himmlischen Vater vonnöten: „Gib uns Kraft, den Unheil bringenden Versuchungen des Alltags zu widerstehen." Diese uns allen tagtäglich begegnenden Versuchungen des Lebens sind jedoch noch nicht die Versuchung, die im Vaterunser gemeint ist, und in die Gott uns auf keinen Fall hineinführen soll.

Es gibt nun freilich noch eine zweite Art von Versuchung. Und von dieser muss man freilich sagen, dass sie tatsächlich von Gott kommt und nicht durch die eigenen Begierden verursacht wird. Es ist die Situation, in der Gott einen Menschen versucht, um seinen Glauben zu erproben. Die Bibel weiß hier viele Beispiele zu nennen. Abraham etwa gehörte zu diesen Menschen, als Gott ihm befahl, seinen Sohn Isaak zu opfern, und er mit unendlich schwerem Herzen, aber doch gläubig und gehorsam diesem Befehl nachkommen wollte, bis Gott im letzten Moment auf die Ausführung verzichtete. Abraham hatte die Versuchung durch Gott bestanden, wodurch sein Glaube gestärkt und die göttliche Verheißung bestärkt wurde.

Auch Hiob gehörte zu diesen Menschen, als Gott dem Satan erlaubte, ihn zu versuchen. Hiob, der reich an Kindern und an Besitz gewesen war, wurde alles genommen, was er hatte. Doch damit noch nicht genug: Er bekam böse Geschwüre und wurde ins Abseits der menschlichen Gesellschaft gedrängt. In seiner Verzweiflung haderte er mit seinem Schicksal, klagte Gott wegen seines unendlichen Leids an, wäre am liebsten gestorben, so sinnlos erschien ihm sein Leben. Aber er sagte sich nicht von Gott los. Er hatte seine Versuchung bestanden und wurde am Ende überreich von Gott belohnt.

Und auch Jesus selbst gehörte zu solchen, die auf Veranlassung Gottes versucht wurden. Wir haben es vorhin in der Lesung gehört, wie Gottes Geist selbst Jesus in die Wüste führte, wo ihm der Satan begegnete und Jesus dazu veranlassen wollte, seine göttliche Macht und Fähigkeit für seine eigenen Bedürfnisse zu missbrauchen. Aber Jesus widerstand der Versuchung. Er blieb der ohnmächtige Gottessohn, der er nach Gottes Willen auf Erden bleiben sollte und besiegte so den Teufel und die Macht des Bösen.

Das gibt es also auch, dass Gott einen Menschen versucht, um seinen Glauben und seine Treue zu erproben. Und wo ein Mensch diesen Versuchungen widersteht, wo er die Erprobung seines Glaubens besteht, da geschieht Segen für ihn und für andere.

Vor solchen Versuchungen braucht uns als Christen nicht Angst zu sein. Denn von diesen Versuchungen sagt die Bibel: „Gott ist treu, der euch nicht versuchen lässt über eure Kraft, sondern macht, dass die Versuchung so ein Ende nimmt, dass ihr es ertragen könnt" (1Kor 10,13). Doch auch um diese Versuchung als Erprobung unseres Glaubens geht es nicht im Vaterunser. Es geht hier in der sechsten Bitte noch um viel mehr.

Das Vaterunser ist ja ein Gebet für uns Jüngerinnen und Jünger Jesu, für uns Christinnen und Christen. Wir folgen Jesus nach. Seit wir getauft wurden und dann gläubig geworden sind, gehören wir zu ihm. Und das bedeutet für uns, dass wir einmal in das ewige, himmlische Reich Gottes kommen werden. Das Leben von uns Christen hat nämlich als Ziel, dass Jesus nach unserem Tod uns erwartet, dass er uns den Zugang zu Gottes neuer Welt garantiert, eine Welt, in der es wahrhaft himmlisch und fröhlich zugehen wird. Auf dem Weg dorthin sind wir unterwegs. Und zu unserem Marschgepäck gehört das Gebet, das Jesus uns geschenkt hat und damit auch die sechste Bitte: *Und führe uns nicht in Versuchung.*

Diese Bitte ist für diesen unseren Weg dringend notwendig. Denn auf dem Weg zu Gott, zu seiner neuen Welt sind wir gefährdet. Und diese Gefährdung besteht in erster Linie nicht in moralischen Verfehlungen, sondern darin, von diesem Weg abzuweichen und damit das Ziel nicht zu erreichen. Als Christen können wir immer wieder in die Gefahr geraten, den Glauben zu verlieren, sei es durch eine große Krise oder durch Gleichgültigkeit Gott gegenüber. Diese Gefahr ist gemeint, wenn das Vaterunser von „Versuchung" spricht. Mit dieser Versuchung steht nicht mehr und nicht weniger als unser Christsein selbst auf dem Spiel.

Bei dieser Versuchung geht es nicht um irgendeine moralische Sünde, nicht um irgendeine verführerische Verlockung der Werbung, die uns das wahre Leben verspricht, uns in Wirklichkeit aber nur restlos betrügt. Diese Versuchung ist auch nicht nur eine Erprobung der Stärke unseres Glaubens oder unseres Gehorsams gegenüber Gott. Sondern diese Versuchung ist alles, was uns nicht nur einmalig, sondern dauerhaft vom Weg des Glaubens abbringt, ob es uns nun selbst bewusst ist oder nicht. Mit dieser Versuchung droht uns Christen nichts weniger als der Verlust des Heils, denn wir verfehlen das Ziel, zu dem wir als Christen unterwegs sind. Das macht die sechste Bitte des Vaterunser so dringend, gewichtig und bedeutsam.

Und führe uns nicht in Versuchung. Mit dieser Bitte sagen wir: „Führe uns nicht in die Gefahr des grundsätzlichen Scheiterns unseres Glaubens! Führe uns nicht in den Unglauben! Führe uns nicht in die Gefahr, das Ziel unseres Christenlebens zu verlieren!"

Was ist das aber, was uns Christen so sehr versuchen könnte, dass wir vom Glauben abfallen und des ewigen Lebens bei

Gott verlustig gehen? Zur Zeit Jesu oder der ersten Christen waren es vor allem hereinbrechende Verfolgungen um des Glaubens an Jesus Christus willen, die einen vom Glauben abbringen konnten. Die Angst vor dem gewaltsamen Tod oder, vielleicht noch schlimmer, die Angst vor sozialer Isolation oder drohender Folter konnten solche Versuchungen sein, um sich von Jesus Christus abzuwenden. Heute gibt es solche Versuchungen noch in nichtchristlichen Ländern, wo Christen um ihres Glaubens willen unterdrückt und verfolgt werden und im Gefängnis sitzen, und sie deshalb in der Gefahr stehen, sich vom Glauben loszusagen.

Solche Versuchungen liegen in unserer westlichen Welt – Gott sei Dank – ganz fern. Aber es gibt auch in unserem Land eine große Versuchung, die uns vom Glauben abbringen kann und die im Ergebnis nicht minder gefährlich ist als Verfolgung und Bedrückung. Die größte Versuchung in unserem Land ist heute für uns Christen die sich einschleichende Gleichgültigkeit gegenüber Gott. Wir wollen Christen sein und meinen, das ginge, indem man es nur ein wenig ist. Wir wollen zur Kirche gehören, zur Gemeinschaft der Christen, zu denen, die einmal im Himmelreich Gottes dabei sein werden, aber wir wollen das, ohne dass es uns etwas kostet, ohne dass wir uns von Jesus Christus in den Dienst nehmen lassen, ohne dass wir am kirchlichen Leben teilnehmen, ohne dass wir im Gottesdienst auf das hören, was Gott uns sagen will, und uns von ihm stärken lassen.

Kraftlose Christen sind aber äußerst anfällig für die Versuchung der Gleichgültigkeit. Zumal die Versuchung, die Jesus im Vaterunser meint, so ist, dass wir sie mit unserer eigenen Kraft meist nicht bestehen können. Deshalb sollen wir ja Gott darum bitten, dass er uns gar nicht erst in solche Situationen der Versuchung führt. Denn Jesus weiß, wie schwach und kraftlos oft unser Glaube ist. Er weiß, dass wir mit unserem Vermögen den Versuchungen des Lebens nicht wirklich und dauerhaft standhalten können. Deshalb legt er uns die Bitte in den Mund, dass Gott uns gar nicht erst in solche Situationen führt, in denen uns der Glaube verloren gehen kann.

Und führe uns nicht in Versuchung, heißt dann: Bewahre uns davor, dass wir in Situationen kommen, in denen unser Glaube nicht standhält, sei es durch äußeren Druck oder innere Gleichgültigkeit. Bewahre uns davor, dass wir des ewigen Lebens verlustig gehen.

Wenn wir nun diese sechste Bitte des Vaterunser beten und wissen, was dabei auf dem Spiel steht, beschützt sie uns vor der Gefahr der Gleichgültigkeit. Sie macht uns bewusst, dass unser Glaube gefährdet ist und verloren gehen kann, dass jedoch Gott, und zwar nur er allein, ihn auch unser Leben lang bewahren kann. Darum ist diese sechste Bitte für uns so wichtig und notwendig und darum sollten wir sie sehr bewusst und täglich beten: *Und führe uns nicht in Versuchung.* Amen.

LIED
  Mache dich, mein Geist, bereit (EG 387,1–6)

Fürbittengebet

Lasst uns beten und gemeinsam bitten: Führe uns nicht in Versuchung

Vater im Himmel, du hast uns auf den Weg des Glaubens gestellt und uns das ewige Leben verheißen. Im Vertrauen darauf, dass du uns auf diesem Weg bewahrst und ans Ziel bringen willst, bitten wir dich:

Gemeinde: Führe uns nicht in Versuchung

So viel geschieht ohne sichtbaren Sinn und bedroht den Glauben an deine göttliche Führung. So viel wird in unserer Welt gelogen und bedroht den Glauben an deine göttliche Wahrheit. So viel Leid und Unheil geschieht in unserer Welt und bedroht den Glauben an deine Liebe. Hilf uns und allen, deren Glaube bedroht ist, dass sie und wir nicht an dir irre werden. Deshalb bitten wir dich:

Gemeinde: Führe uns nicht in Versuchung

Es gibt so viel Gleichgültigkeit und Lauheit in deiner Kirche bei denen, die sich Christen nennen. Reichtum und Sorgen, Verlockungen und Enttäuschungen stehen einem lebendigen Glauben im Weg. Weil wir Christen uns immer wieder als zu schwach erweisen, um dem wirkungsvoll zu widerstehen, bitten wir dich:

Gemeinde: Führe uns nicht in Versuchung

An deiner Nähe zu zweifeln, an deiner Macht und Herrschaft, die Lüge für mächtiger zu halten als dich, das Unrecht für stärker als deine Gerechtigkeit, deine Hand loszulassen, uns in der Welt einzurichten, die Gemeinschaft mit dir und mit anderen Christen im Gottesdienst gering zu schätzen – all das ist für uns und für deine Kirche eine große Gefahr. Damit wir ihr nicht erliegen, bitten wir dich:

Gemeinde: Führe uns nicht in Versuchung

Wir meinen zwar auch die kleinen Versuchungen, die unser Herz gefangen nehmen oder uns die Sinne verwirren, auch die schädlichen Leidenschaften und Verführungen, denen wir verfallen, obwohl wir ihnen doch widerstehen wollen, vor allem aber meinen wir die eine große Versuchung, durch die wir unseren Glauben verlieren und das ewige Leben, das du uns schenken willst. Du bist mächtiger als all das, was uns und deine Kirche vom Glauben wegbringen will. Deshalb bitten wir dich:

Gemeinde: Führe uns nicht in Versuchung

Stilles Gebet

Vaterunser

Schlusslied
    Führ uns, Herr, in Versuchung nicht (EG 344,7)

Segen

Orgelnachspiel

Die siebte Bitte

Erlöse uns von dem Bösen

ORGELVORSPIEL

LIED
  Komm, Heiliger Geist (EG 156)

Votum und Begrüßung

Im Namen des Vaters und des Sohnes und des Heiligen Geistes. Amen.

Mit dem heutigen Gottesdienst endet unsere Gottesdienstreihe zum Vaterunser. Noch einmal wollen wir intensiver nachdenken über eine der sieben Bitten des Gebetes Jesu, heute über die letzte: „Erlöse uns von dem Bösen." Zu dieser Bitte fällt uns vielleicht spontan am meisten ein, denn das Böse ist überall in unserer Welt gegenwärtig, bedrückt und belastet uns, und erweckt in uns die Sehnsucht, davon befreit und erlöst zu sein. Weil wir aber merken, dass die Erlösung von dem Bösen nicht in unserer Macht liegt, wenden wir uns an den, dem allein wir das zutrauen: unserem Vater im Himmel.

Und dazu haben wir auch allen Grund, denn jeden Morgen beim Erwachen können wir staunend entdecken, dass Gott uns in der zurückliegenden Nacht vor allem Bösen bewahrt hat. Viele Morgenlieder unseres Gesangbuches wissen davon zu singen wie auch von der Bitte, dass die böse Macht der Finsternis dem hellen Licht der guten Macht Gottes weichen soll.

Eingangslied
Wach auf, mein Herz und singe (EG 446,1–6)

Psalm 69[10] (im Wechsel zwischen Liturg und Gemeinde)

Gemeinde: Ehr´ sei dem Vater (Gloria patri)

Aufforderung zum Bittruf (Kyrie)

Wie viel Böses begegnet uns täglich: in unserem ganz persönlichen Leben, in unserer Umgebung, beim Lesen der Zeitung oder beim Anschauen der Nachrichten. Es macht unser Leben schwer und wir sehnen uns nach Erlösung. Darum lasst uns Gott um sein Erbarmen bitten und rufen:

Gemeinde: Herre Gott, erbarme dich (Kyrie)

Aufforderung zum Lobpreis (Gloria)

Auch wenn das Böse in unserer Welt mächtig ist, dürfen wir doch glauben und wissen: Gott, unser guter Vater im Himmel, ist noch viel mächtiger. Er hat uns in Jesus Christus die Erlösung geschenkt und er wird auch unsere Welt von allem Bösen erlösen. Deshalb loben wir ihn und singen:

Gemeinde: Ehre sei Gott in der Höhe (Gloria)

---

10 Der Psalm findet sich mit unterschiedlicher Zählung in allen Regionalteilen des Evangelischen Gesangbuches mit Ausnahme von Bayern/Thüringen und Mecklenburg.

Eingangsgebet

Gott, unser himmlischer Vater, bei allem, was uns das Leben schwer macht und was uns Böses widerfährt, vertrauen wir auf deine Liebe und Güte, die sich in unserer Welt durchsetzen wird.

Deshalb bitten wir dich, dass du nicht zögerst, sondern überall dort, wo andere Menschen oder wir unter dem Bösen leiden, deine gute Herrschaft zur Geltung bringst und die Macht des Bösen beendest.

Das bitten wir im Vertrauen auf deinen Sohn Jesus Christus, durch den du uns in der Kraft des Heiligen Geistes erlöst hast von Sünde und Tod und durch den du unsere Welt von allem Bösen erlösen wirst.

Gemeinde: Amen

SCHRIFTLESUNG
    Römer 7,18–25

    Gemeinde: Halleluja

GLAUBENSBEKENNTNIS

LIED
    Ein feste Burg (EG 362,1–4)

Predigt

Liebe Gemeinde!

Nachdem wir nun die ersten sechs Bitten des Vaterunser meditiert haben, möchte ich jetzt mit Ihnen die siebte und letzte Bitte bedenken, die Bitte: *Erlöse uns von dem Bösen.* Diese Bitte scheint in unserer heutigen Situation vielleicht die dringlichste zu sein. Sie scheint diejenige zu sein, die unseren eigenen Bedürfnissen und Sehnsüchten besonders nahe kommt. Denn Gottes Name, sein Reich und sein Wille sind uns doch meist nicht wirklich ein inneres Bedürfnis. Und vom täglichen Brot haben wir zumindest in unserem Land in der Regel genug. Schuld drückt uns im Allgemeinen nicht so sehr, dass sie uns unbedingt vergeben werden müsste. Und die Gefahr der Versuchung, die zum Verlust unseres Glaubens und des ewigen Lebens führt, scheint uns nicht gewaltig. Aber das Böse, das uns, unsere Familien und unsere Welt täglich bedrängt, das ist uns wohl stets gegenwärtig und trifft uns bis ins Innerste. Von daher können wir alle aus ganzem Herzen in diese siebte Bitte einstimmen: *Erlöse uns von dem Bösen.*

Was aber hat es nun mit dem Bösen auf sich, von dem Gott uns erlösen soll? Handelt es sich dabei um böse Taten, die uns angetan werden oder die wir gar selber tun? Oder geht es um Unglücke, die uns widerfahren oder die wir gar selber anrichten? Oder – und auch dieses Verständnis ist möglich – geht es hier gar um den Teufel, den leibhaftigen Bösen, den *altbösen Feind,* von dem Gott uns erlösen möge?

Für die Älteren unter Ihnen schienen diese Fragen früher einfach zu beantworten zu sein. Denn Sie haben noch mit der alten Lutherübersetzung gelernt, dass die siebte Bitte lautet: „Und erlöse uns von dem Übel". Und Übel, das ist all das, was uns an Leid, Krankheit, Bedrohung oder Bösem widerfuhr. Und so hat man früher mit der siebten Bitte des Vaterunser darum gebeten, dass Gott all dies von uns abwenden und fernhalten möge.

Als man dann in der Mitte des letzten Jahrhunderts versuchte, den Text des Vaterunser für alle deutschsprachigen Christen zu vereinheitlichen, sodass das Gebet in allen evangelischen wie römisch-katholischen Gemeinden mit gleichem Wortlaut gebetet werden kann, da hat man noch einmal im griechischen Neuen Testament nachgeschaut und genau darauf geachtet, was der Evangelist Matthäus aufgeschrieben hat. Und das Wort, das er benutzt, heißt nun nicht „Übel", sondern eben „Böse", und deshalb wurde die deutsche Übersetzung gewählt: *Erlöse uns von dem Bösen.*

Freilich: Im Griechischen wie im Deutschen kann das ein Maskulinum bzw. eine männliche Form sein, aber genauso ein Neutrum bzw. eine sächliche Form: Es kann sowohl *der*

Böse als auch *das* Böse gemeint sein. Doch auch schon Luther, der das Wort mit „Übel" übersetzte, sagt in seinem großen Katechismus, dass hier eigentlich vom Teufel die Rede ist. *Erlöse uns von dem Bösen* – das meint dann: Erlöse uns von dem Teufel und von der Macht, die er auf unserer Erde und in unserem Leben ausübt.

Mit dem Teufel haben wir freilich heute unsere Schwierigkeiten. Gibt es schon viele, die nicht an einen persönlichen Gott glauben, so gibt es noch weit mehr, die heute zu Beginn des 21. Jahrhunderts sich nicht eine personifizierte böse Macht vorstellen können.

Ich erinnere mich an ein christliches Lied, das wir zuhause auf einer Schallplatte hatten und das ich als Kind und Jugendlicher oft gehört habe, in dem es hieß:

„Alle Leute sagen, es gäbe keinen Teufel, es gäbe keinen Teufel.
1. Kannst du mir sagen, wo die Angst herkommt,
in der Nacht, wenn es klingelt an der Tür?
Kannst du mir sagen, wo die Angst herkommt?
Jede Nacht sitzt die Angst neben mir?
Und ich kann mich nicht wehren. Ich bin wie gelähmt.
Wie ist das: Ob einer der Angst hat sich schämt?
Aber: Alle Leute sagen, es gäbe keinen Teufel,
es gäbe keinen Teufel.
2. Kannst du mir sagen, wo die Sucht herkommt
nach dem Rausch, dem Vergessen, nach dem Geld?
Kannst du mir sagen, wo die Sehnsucht herkommt
nach einer Welt, die uns besser gefällt?
Und ich habe gekämpft, wie Hiob gekämpft hat.
Kennst du Hiob? Hast du auch manchmal das Leben so satt.
Aber: Alle Leute sagen, es gäbe keinen Teufel, es gäbe keinen Teufel.
3. Kannst du mir sagen, wo die Lust herkommt,
wenn die Glut sie wie Feuer dir erhitzt?
Kannst du mir sagen, wo die Lust herkommt,
wenn in allen Gelenken sie dir sitzt?
Und du denkst an die Treue, und du hältst dich dran fest,
doch dann merkst du,

wie deine Hand an den Griffen locker lässt.
Aber: Alle Leute sagen, es gäbe keinen Teufel,
es gäbe keinen Teufel.
4. Ich glaube an den Teufel, denn ich kenne ihn.
Und er kennt mich leider auch und kennt mich gut.
Ich glaube an den Teufel, denn ich kenne ihn.
Und er weiß im Blick auf mich auch, was er tut.
Was soll ich tun? Ich weiß es: Ich schreie dann,
schreie um Hilfe, ob mich nicht einer retten kann.
Aber: Alle Leute sagen, es gäbe keinen Teufel,
es gäbe keinen Teufel."

Solch ein Schrei um Hilfe und Rettung vor dem Teufel und der Macht des Bösen, liebe Gemeinde, ist die siebte Bitte des Vaterunser: *Erlöse uns von dem Bösen.* Dabei ist es zunächst völlig gleichgültig, ob wir an einen Teufel glauben oder nicht. Aber dass es so etwas gibt wie eine böse Macht, die um sich greift, die Menschen und sogar uns selbst in Besitz nimmt und Unheil und Unglück mit sich bringt, das wissen und kennen wir alle.

Wir können es ja schon an uns selbst beobachten. Da wollen wir etwas Gutes tun, wollen unseren Nächsten lieben, wollen Gottes Gebote halten, wollen am Sonntag in den Gottesdienst gehen, wollen den Tag mit einem Morgengebet beginnen und mit einem Abendgebet beenden, und müssen doch immer wieder feststellen: Das Gute, das wir gewollt haben, das haben wir nicht getan, sondern ganz oft ist sogar Böses daraus geworden, obwohl wir das ganz und gar nicht gewollt haben. Da gab es eine Macht in uns, gegen die wir mehr oder weniger intensiv und erfolgreich zu kämpfen versucht haben, und der wir am Ende doch unterlegen waren. Und dann geht es uns wie dem Apostel Paulus, der im Rückblick auf sein vorchristliches Leben ausrief: „Wollen habe ich wohl, aber das Gute vollbringen kann ich nicht. Das Gute, das ich will, das tue ich nicht; sondern das Böse, das ich nicht will, das tue ich." Und dann folgt der verzweifelte Ruf: „Ich elender Mensch! Wer wird mich erlösen von diesem todverfallenen Leibe?" (Römer 7,18b–19.24)

Und diese Macht des Bösen, die wir in unserem eigenen Leben erfahren, die können wir auch bei anderen beobachten: Da gibt es etwa die vielen Süchtigen, sei es nun die Alkohol- oder Drogensüchtigen, oder die Spielsüchtigen, die Kleptomanen, die Streitsüchtigen und dergleichen mehr. Sie alle werden beherrscht von einer bösen Macht, die sie ergriffen hat, die sie und andere ins Unglück stürzt, und gegen die sie sich nicht wehren können.

Und nichts anderes können wir beobachten, wenn wir uns die Nachrichten eines Tages anschauen: Da begegnen uns Politiker, die von der Gier nach Macht beherrscht sind, anstatt sich um das Wohl des Volkes zu kümmern. Da sehen wir Menschen, die eine Freude am Morden haben, sei es aus religiösen, politischen oder rein egoistischen Interessen. Da gibt es Menschen, deren Sexualtrieb derart pervertiert ist, dass sie nicht einmal vor Kindern halt machen. Da gibt es Jugendliche, die aus reiner Zerstörungslust Scheiben einschlagen, Autos zerkratzen oder Mülltonnen in Brand setzen. Überall dort hat eine böse, unheimliche, dämonische Macht Menschen ergriffen und zu bösen, zu schrecklichen Taten getrieben. Dabei ist es egal, ob ich diese Macht nun Teufel nenne oder nicht. Es gibt sie. Ihre Spuren begegnen uns überall. Und darum ist für uns gerade diese siebte Bitte so lebensnah: *Erlöse uns von dem Bösen.* Mach dem allen ein Ende!

Zum Machtbereich des Bösen gehört dann sicherlich auch all das, was uns an Bösem und Üblem widerfährt. Angefangen von den Naturkatastrophen bis hin zu Krankheiten, angefangen von den Sorgen über unsere Zukunft, die Zukunft unseres Landes und unserer Welt bis hin zu Armut, Herzeleid und Tod, angefangen vom Gefühl endloser Einsamkeit bis hin zum Liebeskummer und einer enttäuschten Hoffnung. All dies verringert die Fülle des Lebens, wird von uns als Übel erfahren und gehört zum Machtbereich des Bösen und nicht zum Reich Gottes. Deshalb bitten wir Gott auch in Bezug auf diese Dinge: *Erlöse uns von dem Bösen.*

Diese siebte Bitte fasst im Grunde die vorigen sechs zusammen und schließt sie ab. Das gilt zunächst sicherlich für die übrigen drei „Unser"-Bitten: Wo Gott uns vom Bösen erlöst, da hat aller Hunger ein Ende, sodass die Bitte um das tägliche Brot überflüssig wird. Wo Gott uns vom Bösen erlöst, da hat alle Schuld ein Ende, sodass wir Gott nicht mehr um Vergebung bitten müssen. Und schließlich: Wo Gott uns vom Bösen erlöst, da gibt es auch keine Versuchung mehr, in die wir geführt werden könnten, und wo wir in der Gefahr stehen, unseren Glauben und das ewige Leben zu verlieren.

Aber diese siebte Bitte fasst auch die ersten drei Bitten zusammen: Denn wo Gott uns vom Bösen erlöst, da bricht der Himmel auf Erden an, da hat die Macht und das Reich des Bösen ein Ende, weil Gott dann die Heiligkeit seines Namens hier auf Erden ganz und gar durchsetzt, weil dann sein Liebes- und Friedensreich zu uns allen gekommen ist, und weil dann sein guter Wille im Himmel und auf Erden geschieht. Wenn all dies da ist, dann hat der Teufel endgültig und ganz und gar seine Macht verloren, dann sind wir wirklich vom Bösen erlöst. So lange dies aber alles noch nicht der Fall ist, so lange müssen wir unseren himmlischen Vater weiter bitten: *Erlöse uns von dem Bösen.*

Nun dürfen wir aber, liebe Gemeinde, von Herzen all diese sieben Vaterunserbitten aussprechen in der Gewissheit, dass Gott, unser Vater im Himmel, unser Gebet gewiss erhören kann! Diese Gewissheit drückt der Schluss des Vaterunser aus: *Denn dein ist das Reich und die Kraft und die Herrlichkeit in Ewigkeit. Amen.*

Dieser Schlusssatz steht so nicht im Neuen Testament. Er ist erst dreihundert Jahre später in den Bibelhandschriften hinzugefügt worden. Freilich wissen wir, dass Christen schon am ausgehenden ersten Jahrhundert das Vaterunser mit diesem Lobpreis Gottes geschlossen haben. Und die Christenheit heute hat mit gutem Grund diesen Gebetsschluss beibehalten.

Mit diesem Lobpreis drücken wir nun unseren Glauben und unsere Hoffnung aus, dass die Macht des Teufels, dass die finstere und unheimliche Macht des Bösen der Macht unseres himmlischen Vaters unterlegen ist. Auch wenn der Böse gegenwärtig noch am Wirken ist, auch wenn die Macht des Bösen noch überall in der Welt präsent ist, sie ist nicht ewig, sondern sie hat ein Ende, denn ewig ist allein Gottes Reich, Kraft und Herrlichkeit.

In dieser Gewissheit, liebe Gemeinde, dürfen wir zu unserem himmlischen Vater rufen: *Erlöse uns von dem Bösen.* Denn er ist der Einzige, der dazu in der Lage ist. Und mit Jesus Christus hat er sein Erlösungswerk schon begonnen. Und weil das so ist, deshalb kann Paulus auf seinen verzweifelten Ruf „Ich elender Mensch! Wer wird mich erlösen von diesem todverfallenen Leibe?" antworten: „Dank sei Gott durch Jesus Christus unseren Herrn!" (Römer 7,25).

Weil nun überall dort, wo Jesus Christus zur Herrschaft kommt, die Macht des Bösen weichen muss, deshalb wollen wir von ganzem Herzen täglich neu unseren himmlischen Vater bitten: *Erlöse uns von dem Bösen.* Denn das dürfen wir wissen: *Sein ist das Reich und die Kraft und die Herrlichkeit in Ewigkeit. Amen.*

LIED
> Ach bleib mit deiner Gnade (EG 347,1–6)

Fürbittengebet

Lasst uns beten und gemeinsam rufen: Erlöse uns von dem Bösen.

Vater im Himmel, du hast uns in Jesus Christus erlöst von Sünde und Schuld und uns im Abendmahl das Zeichen unserer Erlösung gegeben. Wir bitten dich, dass du das, was du in Jesus Christus begonnen hast, bald zur Vollendung bringst und unsere Welt von allem Bösen erlöst. Darum bitten wir dich von Herzen:

Gemeinde: Erlöse uns von dem Bösen.

Wenn wir die Macht des Bösen wahrnehmen und sehen, was sie an Menschen und an deiner Schöpfung für Unheil verursachen kann, dann will uns Angst werden. Aber wir vertrauen darauf, dass du als Licht mächtiger bist als alle Finsternis. Darum bitten wir dich von Herzen:

Gemeinde: Erlöse uns von dem Bösen.

Wir denken an Menschen, die von dunklen finsteren Mächten beherrscht werden: An die Süchtigen, die Triebtäter, die Machtgierigen, an die, denen Gewalt Freude bereitet. Wir fühlen uns solchen Mächten gegenüber ausgeliefert und ohnmächtig. Darum bitten wir dich von Herzen:

Gemeinde: Erlöse uns von dem Bösen.

Wir denken an die Menschen, die bösen Schicksalsschlägen hilflos gegenüberstehen: an die Kranken in unserer Gemeinde, an die Opfer von Naturkatastrophen, an die Leidtragenden von Krieg und Gewalt. Wir wünschen uns, dass all das Übel dieser Welt ein Ende nimmt und können es doch selbst nicht bewerkstelligen. Darum bitten wir dich von Herzen:

Gemeinde: Erlöse uns von dem Bösen.

Gott, himmlischer Vater, deine Güte ist unerschöpflich, deine Herrschaft, Macht und Herrlichkeit hat kein Ende. Im Vertrauen auf die Erlösung, die du schon bewirkt hast und noch bewirken willst, vertrauen wir dir unser Leben an, denn dein ist das Reich und die Kraft und die Herrlichkeit in Ewigkeit.

STILLES GEBET

VATERUNSER

SCHLUSSLIED
Von allem Übel uns erlös (EG 344,8–9)

SEGEN

ORGELNACHSPIEL

Matthäus 6,5–6
Das ganz auf Gott ausgerichtete regelmäßige Gebet

ORGELVORSPIEL

LIED
>Komm, Heiliger Geist (EG 156)

Votum und Begrüßung

Im Namen des Vaters und des Sohnes und des Heiligen Geistes. Amen.

„Was geschieht im Gottesdienst?" So hat Martin Luther einmal in einer seiner letzten Predigten bei der Einweihung einer Kirche gefragt. Seine Antwort lautete: „Im Gottesdienst reden wir mit Gott und Gott mit uns." Unser Reden mit Gott nennen wir Gebet. Es ist eine der zentralen Lebensäußerungen von uns Christen. Nicht nur im Gottesdienst, sondern auch in unserem Alltag.

Doch ist es das wirklich? Für den Gottesdienst mag es ja zutreffen, wenn wir ihn denn mitfeiern. Aber wie sieht das mit dem Gebet in unserem Alltag aus? Darüber möchte ich gerne heute Morgen mit Ihnen nachdenken.

Zum Reden mit Gott gehört der Dank für seine Gaben und das Loben Gottes. Lasst uns dies tun und singen:

Eingangslied
    Danket dem Herrn (EG 333,1–6)

Psalm 63[11] (im Wechsel zwischen Liturg und Gemeinde)
    Gemeinde: Ehr´ sei dem Vater (Gloria patri)

Aufforderung zum Bittruf (Kyrie)

Gott wartet auf unser Gebet.
Er wartet darauf, dass wir uns ihm zuwenden.
Aber wir nehmen uns oft keine Zeit zum Gespräch mit ihm.
Unser alltäglicher Glaube verkümmert,
weil wir das Gebet vernachlässigen.
Wir klagen Gott unseren Mangel,
bitten ihn um sein Erbarmen
und rufen:

Gemeinde: Herre Gott, erbarme dich (Kyrie)

Aufforderung zum Lobpreis (Gloria)

Gott wartet auf unser Gebet.
Er hat für uns immer ein offenes Ohr.
Wenn wir ihn suchen,
wird er sich von uns finden lassen.
Wenn wir seine Hilfe brauchen,
ist er da, um unser Bitten und Klagen zu hören.
Deshalb loben wir ihn und singen:

Gemeinde: Ehre sei Gott in der Höhe (Gloria)

---

11 Der Psalm findet sich mit unterschiedlicher Zählung in allen Regionalteilen des Evangelischen Gesangbuches.

Eingangsgebet

Gott, unser himmlischer Vater,
zu dir dürfen wir alle Zeit mit unseren Gebeten kommen,
heute Morgen in diesem Gottesdienst,
wenn wir glücklich sind und einen Adressaten brauchen
für unsere dankbare Freude,
wenn wir in Not sind und von dir Hilfe erwarten.
Wir aber wissen oft nicht, was und wie wir beten sollen.
Hilf unserer Schwachheit auf durch deinen Geist.
Das bitten wir im Glauben an unseren Herrn Jesus Christus,
der in der Einheit des Heiligen Geistes
mit dir lebt und wirkt in Ewigkeit.

Gemeinde: Amen

SCHRIFTLESUNG
> Lukas 18,9–14
>
> Gemeinde: Halleluja

GLAUBENSBEKENNTNIS

LIED
> Ich steh vor dir mit leeren Händen, Herr
> (EG 382,1–3)

Predigt

Liebe Gemeinde!

Der Evangelist Matthäus erzählt uns, dass Jesus seine Jünger das Vaterunser gelehrt hat. Aber bevor er sie dieses Gebet lehrte, hat er sie ganz grundsätzlich das Beten gelehrt. In der Bergpredigt zeigt er ihnen, worauf es beim Beten ankommt. Ein Theologieprofessor hätte hierüber jetzt ein Buch oder wenigstens einen langen Aufsatz geschrieben. Im griechischen Neuen Testament sind es lediglich vier Sätze. Doch so einfach sie auch sind, sie haben es in sich. Hören wir die ersten beiden

Sätze, und was Jesus mit ihnen ganz grundsätzlich über das Gebet zu sagen hat:

LESUNG
    Matthäus 6,5–6

Und wenn ihr betet – so beginnt Jesus seine Belehrung über das Gebet. Doch da stocken wir schon als moderne Menschen des 21. Jahrhunderts. *Wenn ihr betet* … Ja, *wenn!* Aber wann tun wir es heute noch? Beten ist für viele Zeitgenossen etwas sehr Fremdes. Das regelmäßige Gebet mit festen Zeiten und Orten allemal. Das war bei Jesus und den ersten Jüngern anders. Sie waren im Judentum zuhause. Und das Judentum ist eine Religion des Gebets. Nicht nur die Psalmen des Alten Testaments zeugen davon, sondern die gesamte jüdische Literatur bis auf den heutigen Tag.

Die Synagogengottesdienste waren und sind in aller erster Linie Orte des Gebets. Es gab und gibt feste tägliche Gebetszeiten. Es gab und gibt liturgisch fest formulierte Gebete, mit denen man sich an Gott wendet. Das tägliche Morgen- und Abendgebet gehört ebenso fest dazu, wie die Gebete vor jeder Mahlzeit. Aber es gab und gibt auch das spontane Beten, das Ausschütten des Herzens vor Gott.

Wie das Judentum ist auch das Christentum eine Religion des Gebets. In unseren Gottesdiensten hat das Gebet einen ganz festen Platz: Am Anfang steht die Bitte um das Kommen des Heiligen Geistes, es folgt das Psalmgebet, dann der Lobpreis des dreieinigen Gottes, der Bittruf um Gottes Erbarmen, das Lob Gottes in der Höhe, das Eingangs- bzw. Tagesgebet, am Ende kommt schließlich das Fürbittengebet, unser ganz persönliches stilles Gebet und das Vaterunser. Unser ganzer Gottesdienst ist durchzogen von Gebeten, wie auch die meisten unserer Gesangbuchlieder nichts anderes sind als Gebete.

Auch in unserem Alltagsbereich ist – zumindest der Theorie nach – das Christentum eine Religion des Gebets. Martin Luther hat uns mit seinem Morgen- und Abendsegen zwei Gebete geschenkt, mit denen wir den Tag anfangen und ausklingen lassen können. Und für so manche Christen ist das

Tischgebet vor jeder Mahlzeit eine Selbstverständlichkeit. Unser evangelisches Gesangbuch enthält ebenso wie das römisch-katholische Gotteslob eine Fülle von Gebeten, mit denen wir unseren Alltag gestalten können: Angefangen von Morgen- und Abend- sowie Tischgebeten bis hin zu Gebeten für konkrete Anlässe. Und neben diesen fest formulierten Gebeten gehört natürlich auch das freie Gebet im Christentum zur Gestaltung unserer Gottesbeziehung fest hinzu.

Was das Beten angeht, sind wir als Christen von Anfang an bis heute unserem jüdischen Erbe verpflichtet. Und dies verbindet uns auch mit dem Judentum. In der Woche nach Ostern hat der Rat der EKD Jerusalem besucht. Dabei traf der EKD-Ratsvorsitzende Bischof Wolfgang Huber mit einem der beiden Oberrabbiner zusammen. Und der ermunterte Juden und Christen zum gemeinsamen Gebet, da beide doch zum gleichen Gott beten. Und er setzte damit voraus: Das Christentum ist wie das Judentum eine Religion des Gebets.

Doch gegenüber dieser Theorie ist die Wirklichkeit in unserem Land und auch in unserer Kirche erschreckend. Mit dem Beten haben nämlich sehr viele ihre Schwierigkeiten und noch mehr ihre Peinlichkeiten. Gebetet wird freilich mehr, als wir denken, wenn auch nicht darüber geredet wird. Schon der Ruf „Gott, hilf mir" oder „Gott, wenn es dich gibt, dann steh mir bei", schon dieser Ruf ist ja ein Gebet, ein Reden mit Gott, von dem man Hilfe und Beistand erhofft. Solch ein Hilferuf zu Gott ist sicherlich die am meisten praktizierte Form des Gebetes – wohl auch bei vielen von uns.

Viel seltener freilich ist das Dankgebet, in dem wir Gott, dem Geber aller guten Gaben „danke" sagen wie vorhin in dem Eingangslied. Es gehört sicherlich zur guten Erziehung, dass Kinder sich bedanken, wenn sie etwas geschenkt bekommen haben. Und wenn die gute Erziehung wirklich geglückt ist, dann ist das Wort „Danke" nicht nur eine formale Höflichkeit, sondern kommt auch aus dem Herzen. Es ist eben nicht selbstverständlich, dass man etwas bekommt, und man hat auch keinen Anspruch darauf, sondern es ist eben ein Geschenk. Und dafür wirklich von Herzen dankbar zu sein, das kann und muss man erst lernen.

Nun wissen wir ja alle, liebe Gemeinde, dass diese gute Erziehung heute immer seltener geworden ist. Und Gott gegenüber vergessen wir sie fast immer. Wenn man sieht, wie wenig das Tischgebet in den Familien selbstverständlich ist, auch in den sog. christlichen Familien, in denen einzelne Mitglieder ihr Christsein wirklich sehr bewusst leben wollen, dann fragt es sich eben: Warum danken wir nicht Gott, dem Geber aller Gaben? Warum gilt unsere gute Erziehung nicht auch Gott gegenüber? Hoffentlich müssen wir in unserem Land nicht erst wieder selbst die Erfahrung machen, wie wenig ein gut gedeckter Tisch selbstverständlich ist, damit wir wieder lernen, Gott von Herzen dankbar zu sein.

Und wie war das nach einem bittenden Hilferuf, als er erhört wurde? Waren wir Gott dann wenigstens dankbar gewesen für seine Hilfe und Erhörung oder haben wir auch hier unseren Dank vergessen?

Mit der Anspruchshaltung und der Dankvergessenheit gehört sicherlich auch zusammen, dass für viele Menschen das Beten oder auch das Reden über das Gebet peinlich ist. Beten tun die Kinder im Kindergarten, zumindest in den kirchlichen Kindergärten, und – vielleicht – die Alten daheim, aber wer etwas auf sich hält, der betet nicht. Viele Konfirmanden fangen an, albern zu werden, wenn gebetet wird, und bei so manchen Gottesdiensten mit Kirchenfremden kann man es ja beobachten, wie Beten für Erwachsene und Kinder etwas völlig Ungewohntes ist, was man schon daran sieht, dass Eltern ihre Kinder während des Gebetes durch die Kirche toben lassen.

Beten ist also für viele ungewohnt, schwierig oder peinlich. Ein Hilferuf in der Not ist noch möglich, aber der Dank an Gott ist äußerst selten. *Wenn ihr betet,* sagt Jesus seinen Jüngern und setzt dabei voraus, dass das Gebet einen festen Platz im Leben von uns Christen hat. Aber wir müssen bekennen: Das Reden mit Gott ist uns fremd geworden. Und von einem festen Ort im Leben von Christen kann beim Gebet oft keine Rede sein. Die meisten derjenigen, die sich Christen nennen, haben keinen regelmäßigen Umgang mehr mit Gott. Für eine Ehe würde solch eine Gesprächslosigkeit den Tod bedeuten. Und was bedeutet sie für eine Gottesbeziehung?

Ist es für die meisten schlicht Gottvergessenheit, an den wir uns nur noch in der Not erinnern, so ist für andere das Gebet mit ernsthaften Schwierigkeiten verbunden: Beten – wofür überhaupt? Warum beten, wenn mich sowieso keiner hört, wenn es sowieso nichts ändert? Ist es nicht besser zu handeln, als die Zeit mit Beten zu verschwenden? Und wenn Gebet, zu wem überhaupt? Wer ist denn dieses Gegenüber, zu dem ich rede? Diese Fragen, wenn sie denn ernsthaft gestellt werden, sind durchaus wert, dass darüber nachgedacht wird. In seiner Belehrung über das Gebet gibt Jesus uns auch auf diese Fragen eine Antwort.

In unseren beiden Versen vor allem auf die letzte Frage: Mit wem reden wir eigentlich, wenn wir beten? Wen meinen wir, wenn wir *Gott* sagen? Jesus antwortet: Wir reden mit einem Gott, den wir als Vater anreden dürfen. Vater – das setzt freilich voraus, dass da Kinder sind, die ihn Vater nennen, für die er so etwas wie ein Vater ist. Und wenn Jesus im Anschluss an unseren Predigttext uns lehrt, wir sollen beten: „Vater unser im Himmel", dann setzt er nun voraus, dass wir das als Kinder tun, als Kinder Gottes.

Für viele Kinder ist der Vater ja einer, der alles weiß und alles kann: „Mein Papa ist der beste!" Und von daher ergeben sich dann die Erwartungen, die ein Kind an seinen Vater stellt: „Mein Papa kann das!" Und Jesus meint doch offenbar hier, dass wir Christen uns als Kinder Gottes im Gebet an jemanden wenden, von dem wir genau das erwarten können: dass er allmächtig ist. Wenn wir beten, dann begegnen wir Gott, dem Allmächtigen, dann sprechen wir mit dem, der die Welt regiert.

Wir greifen im Gebet hinaus über uns selbst, über alle unsere Mitwesen, über Raum und Zeit, über alles, was in uns und um uns ist. Wir begegnen dem, der das ganze Weltall in den Angeln hält, der allen Dingen ihren Anfang und ihr Ende bestimmt.

Aber kann das ein Mensch überhaupt wagen? Darf er es wagen, dürfen wir es wagen, Gott den Allmächtigen, anzusprechen? Ist das nicht etwas Unbegreifliches? Wie können Menschen die Kühnheit haben, über alles hinauszugreifen und sich ganz unmittelbar an die höchste Stelle zu wenden, von der aus das ganze Weltall bewegt wird?

Das ist nur einigermaßen verständlich, wenn wir an eine charakteristische Eigenart allen Betens denken: Alle wirklichen Beter haben die Macht, an die sie sich gewendet haben, mit „Du" angeredet. Es ist wie beim Verhältnis des Kindes zum Vater. Weil das Kind dem Vater vertraut, empfindet es gar nicht den Abstand zwischen sich und dem Vater, sondern redet ihn vertrauensvoll mit „Du" und „Papa" an, auch wenn es von ihm alles erwartet und alles erhofft.

So ist das mit dem Gebet, sagt Jesus. Wir reden hier mit Gott, dem Vater, der uns einen so großen Vertrauensvorschuss gibt, dass er uns sein Kind nennt. Wie ein Kind sich in der Gegenwart des Vaters geborgen und sicher fühlt, weil es ihm vertraut, so können wir uns auch als Christen in der Nähe Gottes geborgen fühlen in dem Wissen um die väterliche Liebe und Güte Gottes.

Mit Menschen, die mich lieben und verstehen, habe ich gerne Kontakt. In deren Gegenwart fühle ich mich wohl. Wie ein Vater sich freut, wenn ein Kind zu ihm kommt und sich ihm anvertraut, so freut sich Gott, wenn seine Kinder zu ihm kommen, wenn sie sich mit dem, was sie bewegt, ihm anvertrauen.

Darum also weist Jesus auf Gott als Vater hin, wenn er vom Gebet redet: *Bete zu deinem Vater, der im Verborgenen ist; und dein Vater, der in das Verborgene sieht, wird dir's vergelten.*

Doch Jesus gibt uns noch einen weiteren Ratschlag zum Gebet: *Wenn du aber betest, so geh in dein Kämmerlein und schließ die Tür zu.* Dieses Wort Jesu vom Gebet im Kämmerlein ist in Abgrenzung zu den Heuchlern gesprochen, die ihre Gebete öffentlich zur Schau stellen, die in der Synagoge so beten, dass es jeder sehen kann und die sich mitten auf die Wegkreuzungen stellen, um dort vor allen Menschen sichtbar zu Gott zu beten. Diese Gefahr besteht heute sicherlich in unserer Volkskirche so nicht mehr. Dafür ist das Gebet für die meisten eben eine schwierige oder gar peinliche Sache, die Seltenheitswert hat, so dass sich keiner mehr in der Öffentlichkeit mit seinem Beten brüsten will.

Es gibt allerdings auch heute Gemeindekreise, wo diese Gefahr durchaus vorhanden ist, weil man im freien Gebet oder in Gebetsgemeinschaften die Mitbetenden durchaus beeindrucken möchte. Ein solches Gebet hat dann Menschen als Adressaten und nicht Gott. Wo durch ein Gebet andere belehrt oder getadelt oder beeindruckt werden sollen, da ist es nicht mehr an Gott gerichtet. Und da ist es auch schon kein Gebet mehr, weil es im Gebet einzig und allein um das Reden mit Gott geht. Gebet darf ja nie einem anderen Zweck dienen als dem, mit Gott zu sprechen. Es ist der Ort, wo ich ganz Gott zugewendet bin. Beim Beten habe ich keine Rolle zu spielen, sondern hier im Gespräch mit Gott bin ich ganz ich selbst. Und mich selbst brauche ich vor Gott nicht darzustellen, denn er kennt mich besser als ich mich selbst kenne.

Den Frommen seiner Zeit hat Jesus denn auch immer wieder gesagt, dass das nicht richtig ist, sich mit seinem Beten öffentlich zur Schau zu stellen, gerade weil Gebet eine Sache des Herzens und nicht der Lippen sein soll. Und wenn Jesus dem Beten zunächst einen anderen Ort zuweist als die Synagogen oder Wegkreuzungen, dann nicht deshalb, weil er diese Orte für unheilig hielte, denn den Ort, den Jesus für das Gebet angibt, ist auch nicht viel heiliger.

Das, was Luther mit *Kämmerlein* übersetzte, heißt nämlich eigentlich *Vorratskammer*. In den jüdischen Häusern gab es kleine Kammern, wo Vorräte aufbewahrt wurden. Dies war im allgemeinen der einzige Raum, der verschließbar war. Und diesen Ort sieht Jesus als den richtigen für das Gebet an. Ein Grund ist sicherlich, dass hier nicht das heuchlerische Beten geschehen kann, denn wer sich an solch einen Ort zum Beten zurückzieht, der betet nicht mehr um der Menschen willen, sondern der will Gott, dem Vater, begegnen.

Aber Jesus nennt in unserem Vers auch noch einen anderen Grund für das Gebet in dieser Kammer. Er meint, dass Gott gerade ganz besonders in dieser Verborgenheit zu finden ist. Es gehört ja zum Wesen Gottes in unserer Welt, dass er hier der verborgene Gott ist, der nur dem Glauben sichtbar ist, der nur mit den Augen des Glaubens entdeckt werden kann.

Und diesen verborgenen Gott können wir auch nur entdecken, wenn wir ihm in seiner Verborgenheit begegnen.

Unsere heutige Zeit ist ja eine unheimlich bewegte Zeit. „Erlebnisgesellschaft" pflegt man das zu nennen. Der Managertyp, der Macher ist gefragt. Und in einer Zeit, in der es so viele Möglichkeiten wie noch nie gibt, sich abzulenken und vor sich selbst und vor Gott zu fliehen, in solch einer Zeit kommt der Mensch eben kaum zur Stille, zur Ruhe vom Alltagstrott. Fernsehen, Kino, Theater, Konzerte, Computer, Feten, Vereinsfeiern – all das sind beliebte Möglichkeiten, vom Alltag abzuschalten, den Alltag hinter sich zu lassen. Und das hat in Maßen durchaus sein Recht.

Aber das führt bei uns oft auch dazu, dass uns Orte der Stille fehlen, in denen wir mit Gott reden und Gott mit uns. Gott redet zu uns häufig sehr leise, und wir müssen schon still sein, um ihn zu hören. Doch diese Stille fehlt uns in unserer bewegten, unruhigen und hektischen Zeit. Aber diese Stille ist für das Gebet überaus hilfreich. Darum weist Jesus dem Gebet eben diese abschließbare Kammer zu, weil man hier in der Verborgenheit vor Gott stille werden kann. Gott redet in der Stille oft am lautesten. Und vor allem dort, wo wir vor Gott stille werden, können wir Gottes Stimme hören, können wir den verborgenen Gott entdecken und uns als Kinder Gottes vertrauensvoll an ihn wenden.

Mit dem Verweis des Gebetes in das Kämmerlein wollte Jesus freilich nicht das Gebet in der Synagoge oder in der Kirche ausschließen. Nicht der Ort schadet ja dem Gebet, sondern die Art und der Zweck. Viele, auch viele von uns hier, haben die Kirche als einen guten Ort der Stille und des Gebets kennen gelernt. Und wenn Martin Luther den Gottesdienst als den Ort bezeichnet, wo Gott mit uns redet und wir mit Gott, dann stimmt er damit durchaus mit Jesus überein. Denn überall dort, wo wir uns ganz Gott zuwenden, wo wir nur ihn als Gegenüber meinen, überall dort beten wir: Sei es im stillen Kämmerlein oder in der Kirche. Auch Jesus hat – so erzählen es uns die Evangelien an vielen Stellen – sowohl an einsamen Orten gebetet als auch in der Synagoge. Beides gehört zusammen. Beides widerspricht sich nicht. Beides bereichert unser Leben.

Versuchen wir es deshalb – vielleicht zum ersten Mal, vielleicht nach langer Zeit mal wieder – mit dem alltäglichen Beten. Mit einem freien Gebet oder einem schon fest formulierten wie einem Psalm oder dem Vaterunser. Wichtig ist dabei vor allem, dass unser Gebet nicht Menschen zum Adressaten hat, auch nicht mich selbst, sondern einzig und allein auf Gott gerichtet ist. Vielleicht probieren wir es mit dem Beten auch einmal zu regelmäßigen und festen Zeiten und an vorher festgelegten Orten. Dann werden wir erfahren, dass uns Gott in der Stille und Verborgenheit begegnet, unser Bitten hört, sich über unser Danken freut und uns verändert durch seine Nähe und sein Gegenüber. Amen.

LIED
    Man lobt dich in der Stille (EG 323,1–3)

Fürbittengebet

Gott, himmlischer Vater, allmächtiger und liebender Gott. Weil du uns zu deinen Kindern gemacht hast, kommen wir zu dir im Gebet, um dir zu danken und dir unsere Anliegen vorzubringen.

Wir danken dir für all das, was du uns geschenkt hast: Für unser Leben, für die Nahrung, die wir so reichlich haben, für das Dach über dem Kopf, für Eltern, Kinder, Verwandte und Freunde, für alles, was du uns in deiner Liebe gibst.

Für deine Kirche hier vor Ort danken wir, für die Christen mit denen wir Gemeinschaft haben, für dein Wort, das du uns immer wieder neu sagst, für deine Vergebung und Liebe, von der her wir leben, für den Glauben, mit dem wir dich in deiner Verborgenheit entdecken können, für das Gebet, in dem du uns, Gott, uns als allmächtiger und liebender Vater begegnest.

Wir bitten dich für alle, die Mangel leiden am Allernotwendigsten: Um Genesung unserer Kranken, um einen neuen Anfang für die Gescheiterten, um Vertrauen und Energie für die Enttäuschten, um Arbeitsplätze für die Arbeitslosen, um Hoffnung für die Trauernden und Trost für die Zurückgebliebenen.

Für unsere Kirche bitten wir dich: Für alle die, die dem Namen nach dazugehören, aber nichts mehr von dir wissen wollen und dich in ihrem Leben vergessen haben; für alle die, die selbstgerecht und undankbar sind, weil sie nicht merken, dass sie von deiner Liebe und Güte leben; für alle die, die beten möchten, aber nicht können. Begegne du ihnen, damit sie nicht an dir vorbei leben.

Für uns selbst bitten wir: Hilf, dass wir allezeit am Gebet festhalten – zuversichtlich und gehorsam: in unseren Häusern über dem täglichen Brot, in unseren Familien für unsere Ehepartner und Kinder; an Krankenlagern, Sterbebetten und am Grab, über allem, was wir zu tun haben. Hilf uns, Zeit zu finden und zu nehmen, um dir in der Stille und Verborgenheit zu begegnen.

STILLES GEBET

VATERUNSER

SCHLUSSLIED
　　Lass mich dein sein und bleiben (EG 157)

SEGEN

ORGELNACHSPIEL

Matthäus 6,7–8
Gott weiß, was wir bedürfen, ehe wir ihn bitten

ORGELVORSPIEL

LIED
    Komm, Heiliger Geist (EG 156)

Votum und Begrüßung

Im Namen des Vaters und des Sohnes und des Heiligen Geistes. Amen.

Martin Luther nennt bei den drei Dingen, die seiner Meinung nach das Leben eines Christen ausmachen, an erster Stelle das Gebet. Nun wird sicherlich in allen Religionen gebetet und nicht nur im Christentum. Doch was unterscheidet das Gebet anderer Religionen von dem Gebet der Christen? Was ist das Besondere unseres Betens? Diese Frage soll uns heute in diesem Gottesdienst beschäftigen.

EINGANGSLIED
    Die güldne Sonne (EG 449,1–4)

PSALM 139[12] (im Wechsel zwischen Liturg und Gemeinde)

Gemeinde: Ehr´ sei dem Vater (Gloria patri)

Aufforderung zum Bittruf (Kyrie)

Von allen Seiten umgibt uns Gott und hält seine Hand über uns. Er nimmt wahr, was uns belastet und bedrückt, was uns im Leben schwer ist und wo wir Hilfe brauchen.

Weil Gott uns in allen unseren Nöten und Bedürfnissen nahe ist und uns hört, deshalb bitten wir ihn um sein Erbarmen und rufen:

Gemeinde: Herre Gott, erbarme dich (Kyrie)

Aufforderung zum Lobpreis (Gloria)

Gott hat uns wunderbar gemacht. Er ist im Leben und im Sterben bei uns. Es gibt keinen Ort auf dieser Welt, wo wir ohne ihn auskommen müssten. Für unseren Verstand ist das zu wunderbar und zu hoch. Wir können es nicht begreifen. Aber mit der ganzen Schöpfung wollen wir Gott dafür loben und singen:

Gemeinde: Ehre sei Gott in der Höhe (Gloria)

Eingangsgebet

Gott, lieber Vater im Himmel, du bist jetzt da, wenn wir Gottesdienst feiern. Du bist da, wenn wir mit dir reden. Du bist da mit deiner Liebe, wenn es uns gut geht. Und du bist auch da mit deinem Trost, wenn wir nicht mehr weiter wissen. Dafür danken wir dir.

---

12 Der Psalm findet sich mit unterschiedlicher Zählung in allen Regionalteilen des Evangelischen Gesangbuches.

Manchmal fällt es uns aber schwer, deine Nähe wahrzunehmen. Manchmal fühlen wir uns von dir und der Welt verlassen. Manchmal meinen wir, wir müssten dich erst herbeirufen, weil du dich nicht um uns kümmerst.

Hilf uns, in der Gewissheit deiner Nähe und Zuwendung zu leben. Lass uns das vertraute alltägliche Gespräch mit dir nicht vernachlässigen. Öffne unser Herz, dass wir deine liebevolle Fürsorge in unserem Leben entdecken.

Das bitten wir im Namen deines Sohnes Jesus Christus, der mit dir und dem Heiligen Geist uns alle Zeit nahe ist und weiß, was wir bedürfen.

Gemeinde: Amen

SCHRIFTLESUNG
   Matthäus 6,25–33

   Gemeinde: Halleluja

GLAUBENSBEKENNTNIS

LIED
   Befiehl du deine Wege (EG 361,1–4)

Predigt

Liebe Gemeinde!

Das Gebet ist eine der zentralen Lebens- und Glaubensäußerungen von uns Christen. Es wird zwar in allen Religionen gebetet und nicht nur im Christentum. Aber es wird nicht in allen Religionen gleich gebetet. Es gibt da durchaus große Unterschiede. Das gilt sowohl für das christliche Gebet im Vergleich mit dem im Judentum und im Islam, es gilt aber vor allem für das christliche Beten im Vergleich zu den nichtmonotheistischen Religionen. Deren Vertreter werden in der Bibel in der Regel pauschal als „Heiden" bezeichnet.

Einen solchen Unterschied zu den so genannten „Heiden" beim Gebet nennt Jesus in seiner Einleitung zum Vaterunser. Dort sagt er:

LESUNG
    Matthäus 6,7–8

Für Jesus, liebe Gemeinde, gehört zum Gebet der Heiden, dass sie viel plappern und dass sie viele Worte machen. Wir wissen heute, dass dieser Vorwurf nicht für alle sog. „heidnischen" Religionen berechtigt ist. Aber wir wissen auch, dass es in der Antike heidnische Autoren gab, für die das durchaus zutraf. Da gab es zum Beispiel die Empfehlung, man möge in der Anrede des Gebets die Gottheit mit möglichst vielen Namen und Bezeichnungen anreden, damit man nur ja keinen Beinamen auslässt, der für die Gottheit evtl. wichtig ist. Das sollte die Erhörung des Gebetes befördern. Ja, ein Autor zählte sogar nicht weniger als 300 solcher Gottesnamen und Gottesbezeichnungen auf, mit denen man Gott anrufen und herbeirufen könnte. Denn das ist ja das Ziel jeden Gebets: Gott in Bewegung zu bringen, Gott dazu zu bewegen, dass er mich hört und erhört.

Nun waren die Menschen der Antike der Überzeugung: Der Gott oder die Göttin, die sie anrufen, die wissen gar nicht, was der Beter oder die Beterin ihnen zu sagen haben. Sie müssen erst herbeigerufen werden. Und dafür muss man sie zunächst richtig anreden. Und dann muss man ihnen die eigene Lage und das eigene Anliegen sehr ausführlich schildern. Und dann gilt es mit vielen guten Worten die eigentliche Bitte vorzutragen. Nur auf diese Weise sei das Gebet überhaupt Erfolg versprechend.

Und so dient die Anrufung der Götter mit möglichst vielen Namen und Eigenschaften dazu, sie zu bewegen, dass sie schließlich das Schicksal des Beters in gewünschter Weise beeinflussen. Viele Menschen der Antike meinten offensichtlich, ihre Götter durch die Menge ihrer Worte in Bewegung zu bringen. Darin aber, so sagt es Jesus, unterscheidet sich jüdisches sowie christliches Beten vom heidnischen Beten, dass wir Gott nicht mit vielen und beredten Worten erst herbeirufen und ihm unsere Situation und unser Anliegen ausbreiten müssen.

Nun dürfte bei uns heute die Gefahr der wortreichen Gebete wohl kaum noch bestehen. Unser Problem heute ist weniger die Masse der Worte, sondern der Mangel an Worten. Nicht die Länge unserer Gebete, sondern unsere Sprachlosigkeit gegenüber Gott drückt in der Regel unsere Armut aus.

Andererseits ist die Gefahr, von der Jesus hier redet, in etwas veränderter Form heute durchaus noch gegeben. Es gibt auch heute noch Menschen, die versuchen, mit festgeprägten Formeln und Wiederholungen Gott zu bewegen. Sei es, dass man den Ruf nach Gottes Hilfe und Erbarmen ständig wiederholt wie eine Litanei, sei es, dass man in bestimmten Situationen meint, ein Vaterunser beten zu müssen. Eigentlich möchte man ja Gott etwas ganz anderes sagen. Aber indem man noch ein Vaterunser hinzufügt, hofft man, dass Gott die eigentliche Bitte durch diese Hinzufügung vielleicht eher erhört. Das Vaterunser gehört auf diese Weise auf einmal zu dem vielen Geplapper, mit dem man meint, Gott bewegen zu können. Doch gegen ein solches Missverständnis des Gebrauchs von sich wiederholenden Formeln oder über die eigentliche Bitte hinausgehenden Worte wendet sich Jesus hier auch.

Will Jesus also sagen, dass Gott ganz und gar souverän und unbestechlich und dass er deshalb durch nichts zu bewegen ist? Meint er, dass das Gebet sinnlos ist, weil Gott sich von uns Menschen sowieso nicht bewegen lässt, weder durch einen Schwall an Worten und Formeln noch durch sonst irgend etwas? Wohl kaum! Dagegen spricht schon Jesu eigene Gebetspraxis, denn die Evangelien des Neuen Testaments stellen uns Jesus immer wieder als Beter vor. Dagegen spricht auch das Vaterunser, das Jesus seine Jünger gelehrt hat. Von diesem Gebet erwartete Jesus, dass wir damit Gott durchaus bewegen können.

Aber wodurch wird Gott dann bewegt, dass er unser Gebet erhört, wenn nicht durch vieles Reden? Da kommen die einen her und sagen: „Ein Gebet wird nur erhört, wenn das Leben des Beters gottgefällig ist. Das Beten eines offenkundigen Sünders hat keine Chance, Gott zu bewegen." Doch dass Jesus nicht dieser Meinung war, hat er uns mit dem Gleichnis vom Pharisäer und Zöllner deutlich gemacht. In diesem Gleichnis betet der Zöllner nur den einen kurzen Satz: „Gott, sei mir Sünder gnädig!" Und dieses Gebet, so sagt es Jesus, hat Gott erhört.

Andere sagen: Gott lässt sich nur dann bewegen, wenn der Inhalt unseres Betens wahrhaftig ist und nur das Gott Entsprechende erbeten wird. Das ist zum Teil sicherlich richtig. Gebete wie die für den Sieg meines Fußballvereins oder um die Vermehrung meines Privatvermögens mögen keineswegs immer dem Willen Gottes gemäß sein und bewegen deshalb Gott dann auch nicht zum Eingreifen.

Doch weder auf eine besondere Lebensführung des Beters noch auf eine besondere Qualität des Gebets verweist Jesus hier. Er sagt vielmehr: „Gott weiß, was ihr nötig habt, bevor ihr ihn bittet. Deshalb braucht ihr Gott auch nicht erst mit einer Fülle von Namen herbeizurufen. Er muss überhaupt nicht erst bewegt werden, euch nahe zu kommen und eure Nöte wahrzunehmen. Sondern schon vor jedem Gebet hat er sich auf euch zu bewegt, ist er euch nahe, weiß er, was ihr braucht und wo es euch mangelt. Und gerade weil Gott so ist, gerade weil er euch nahe ist, gerade deshalb braucht ihr auch nicht viele Worte zu machen, damit er sich endlich zu euch aufmacht. Gott ist vielmehr schon längst da und weiß um eure Bedürfnisse, bevor ihr euch überhaupt im Gebet an ihn wenden könnt. Und deshalb reicht es völlig, ihm mit ganz kurzen und einfachen Worten euer Anliegen zu sagen."

Das ist das, was Jesus uns genauso wie das Alte Testament immer wieder über Gott sagt und was die Voraussetzung unseres Betens ist. Gott thront nicht irgendwo in einem fernen Himmel. Er ist nicht so etwas wie ein unbewegter Beweger, wie sich der griechische Philosoph Aristoteles Gott vorgestellt hat. Er ist auch nicht schwer erreichbar für menschliche Worte, sondern er ist in seiner mütterlichen Liebe und väterlichen Güte uns ganz nahe. So nahe ist er, dass er uns gehört hat, noch bevor wir ihn gerufen haben. Als Christen beten wir zu dem allwissenden und gütigen Gott, auf dessen Treue Verlass ist. Er ist in Liebe seiner Schöpfung zugewandt. Er kennt die Sorgen und Nöte von uns Menschen. Er weiß, was wir wirklich nötig haben und was für uns gut ist. Und das kann durchaus etwas anderes sein als das, was wir meinen, nötig zu haben.

Wozu sollen wir dann aber noch beten, wenn Gott sowieso schon weiß, was wir ihm sagen wollen, wenn er unsere Nöte und Bedürfnisse schon kennt, bevor wir überhaupt unseren Mund und unser Herz vor ihm auftun?

Eine *erste Antwort* auf diese Frage könnte sehr grundsätzlich lauten: Gott will gebeten sein. Es entspricht seiner Majestät und Gottheit, wenn wir von ihm das erbitten, was wir bedürfen, und was er uns in seiner Güte schenken will.

Gewiss: Gott gibt auch, ohne dass er gebeten wird. Die Vögel des Himmels säen nicht und ernten nicht und sammeln nicht in Scheunen, und doch werden sie von Gott versorgt. Um wie viel mehr versorgt er erst uns Menschen?! Er lässt seine Sonne scheinen über Gute und Böse, lässt regnen über Gerechte und Ungerechte, egal ob sie ihn darum gebeten haben oder nicht.

Gewiss: Wir müssen Gott auch nicht erst bewegen, dass er unsere Not wahrnimmt. Das hat er schon längst getan, bevor wir überhaupt mit dem Gebet begonnen haben.

Aber zwischen Wahrnehmen und Eingreifen ist ja noch ein Unterschied. Im Gebet bitten wir Gott um sein helfendes Eingreifen für uns und für andere. Und unser Bitten hat die Verheißung, dass wir auch wirklich das empfangen, was letztlich für uns gut und notwendig ist. „Bittet, so wir euch gegeben", sagt Jesus. Und er fügt hinzu: „Und wer da bittet, der empfängt." Gott will gebeten sein. Und indem wir Gott bitten, erkennen wir seine Majestät und Gottheit an, erkennen an, dass er es ist, der geben und helfen muss, weil wir es selbst nicht können.

Und damit sind wir bei der *zweiten Antwort* auf die Frage, warum wir denn bitten sollen, wenn Gott doch schon weiß, was unsere Nöte und Bedürfnisse sind. Wenn wir Gott bitten, geben wir zu, dass wir unsere Bedürfnisse selbst nicht erfüllen können. Wir gestehen ein, dass wir uns nicht selbst geben können, was wir erbitten, sondern dass wir es einzig und allein von Gott erwarten. Das ist rechter christlicher Glaube und rechtes christliches Gebet: Wir geben unsere Not und Bedürftigkeit zu, aber auch unsere Unfähigkeit, dem Abhilfe zu schaffen. Wenn wir beten, stehen wir vor Gott mit leeren Händen und machen uns bewusst, dass wir sie uns selbst nicht füllen können.

Eine *dritte Antwort,* warum wir beten sollen, lautet: Nicht nur um Gottes Majestät und Gottheit willen, nicht nur, um vor Gott unsere eigene Unfähigkeit einzugestehen, sondern auch, um mit unserem Gebet auszudrücken, dass wir ganz und gar abhängig sind und von dem her leben, was Gott uns gewähren will. Der Beter weiß, dass er aus dem Empfangen lebt. Er lebt wie jeder Mensch von dem her, was Gott ihm schenkt. Und indem er darum bittet, weiß er das auch und gibt sich vertrauensvoll in die Hand des Gebers aller Gaben.

Das Vaterunser, das in der Bergpredigt unmittelbar folgt, kann nur unter dieser Voraussetzung gebetet werden, dass wir uns die Bitten nicht selbst erfüllen können, sondern dass Gott sie erfüllen muss und wir nur Empfangende sind. Weder können wir die Heiligkeit von Gottes Namen in unserer Welt durchsetzen, noch bewirken, dass sein Reich kommt. Weder können wir selbst uns unsere Schuld vor Gott vergeben, noch die Welt und uns von dem Bösen erlösen. Gott weiß, dass wir das alles brauchen. Und Gottes Liebe will es uns schenken. Aber wir sollen ihn darum bitten, damit seine Gottheit zu Ehren kommt, damit wir unsere eigene Unfähigkeit erkennen, damit wir wahrnehmen, dass wir von Gottes Gaben her leben.

Mit unseren Gebeten brauchen wir Gott nicht erst zu bewegen, unsere Bedürfnisse wahrzunehmen. Deshalb brauchen wir auch nicht viel Worte zu machen, um seine Gegenwart in unsere Situation hinein zu rufen. Schon bevor wir beten, ist er mit seiner Liebe da und weiß, was wir brauchen. Und darum genügt es ganz schlicht, ihm unsere Anliegen vorzutragen in dem Wissen um unsere Bedürftigkeit.

Das Vaterunser, das Jesus uns unmittelbar nach den Worten unseres Predigttextes zu beten lehrt, ist ein solches kurzes und schlichtes Gebet, mit dem wir Gott um das Wesentliche bitten, was unsere Welt und wir bedürfen. Und wir dürfen, wenn wir es beten, glauben, dass er uns hört und erhört, dass er nicht nur weiß, was wir bedürfen, sondern dass ihm auch in seiner Güte daran liegt, unserer Bedürftigkeit Abhilfe zu schaffen.

Darum, liebe Gemeinde, unterscheidet sich unser Gebet als Christen radikal von dem Gebet der Heiden, weil unser Gott sich radikal von einer heidnischen Gottheit unterscheidet. Wenn wir beten, dürfen wir gewiss sein: Wir liegen Gott am Herzen. Er meint es gut mit uns. Das ist die Voraussetzung all unseres Betens, sei es nun unserer selbst formulierten Bitten oder des Vaterunser. Und das sollte uns auch zum Beten ermutigen – heute und jeden Tag neu. Amen.

LIED
>   Mache dich mein Geist bereit (EG 387,1.4–6)

Fürbittengebet

Lasst uns beten und gemeinsam rufen: Naher Gott, erhöre uns.

Gott, lieber Vater im Himmel, von deiner mütterlichen Güte und Nähe leben wir. Wir vertrauen darauf, dass du weißt, was wir und alle Menschen bedürfen. In diesem Vertrauen bitten wir dich:

Gib Frieden und Versöhnung den Menschen, die in Hass und Streit und Krieg miteinander leben.

Wir rufen: Naher Gott, erhöre uns.

Gib sauberes Wasser und tägliches Brot den Menschen, die an Durst und Hunger leiden.

Wir rufen: Naher Gott, erhöre uns.

Gib hilfreiche Nachbarn und gute Freunde den Menschen, die auf Hilfe angewiesen sind und in ihrer Einsamkeit verzweifeln.

Wir rufen: Naher Gott, erhöre uns.

Gib Vergebung der Sünden und einen Neuanfang den Menschen, die an ihrer Schuld zu Grunde gehen und keine Hoffnung auf Besserung haben.

Wir rufen: Naher Gott, erhöre uns.

Gib Heilung und Trost den Menschen, die an Krankheiten leiden oder um eine geliebte Person trauern.

Wir rufen: Naher Gott, erhöre uns.

Gott, lieber Vater im Himmel, von deiner mütterlichen Güte und Nähe leben wir. Wir vertrauen darauf, dass du weißt, was wir und alle Menschen bedürfen.

STILLES GEBET

VATERUNSER

SCHLUSSLIED
    Sing, bet und geh auf Gottes Wegen (EG 369,7)

SEGEN

ORGELNACHSPIEL

Lukas 11,5–10

Ermunterung zum Beten

ORGELVORSPIEL

LIED
    Komm, Heiliger Geist (EG 156)

Votum und Begrüßung

Im Namen des Vaters und des Sohnes und des Heiligen Geistes. Amen.

    Herzlich willkommen zum heutigen Gottesdienst, von dem wir wie bei jedem Gottesdienst erwarten dürfen, dass Gott mit uns redet und wir mit ihm. Letzteres gehört ja zu den grundlegenden Lebens- und Glaubensäußerungen von uns Christen. Täglich und erst recht sonntäglich reden wir mit ihm, sagen ihm Dank für seine Wohltaten und seine Hilfe, bitten für die Nöte der Welt, der Kirche, unserer Angehörigen und Freunde und uns selbst.

    Auch von Jesus wissen wir, dass er regelmäßig gebetet hat und dass er seinen Jüngern mit dem Vaterunser ein ganz konkretes Gebet geschenkt hat. Das NT erzählt uns zudem, dass

Jesus auch öfter über das Gebet gesprochen hat. Dabei war ihm immer wichtig, ein positives Gottesbild zu vermitteln, so dass Gebet zu einer Vertrauenssache werden kann. So auch in dem Gleichnis, das heute im Mittelpunkt der Predigt stehen soll.

Sehr deutlich kommt so ein positives Gottesbild auch immer dann zum Ausdruck, wenn wir Gott für seine uns erwiesenen Wohltaten danken können. Wir tun dies jetzt mit dem Lied „Danke für diesen guten Morgen".

Eingangslied
> Danke für diesen guten Morgen (EG 334,1–6)

Psalm 84[13] (im Wechsel zwischen Liturg und Gemeinde)
> Gemeinde: Ehr' sei dem Vater (Gloria patri)

Aufforderung zum Bittruf (Kyrie)

Gott wartet auf unser Beten. Er weiß, wie sehr wir ihn nötig haben. Aber wir suchen oft mit unserer Not alleine fertig zu werden, anstatt dass wir uns vertrauensvoll an unseren himmlischen Vater wenden.

Weil wir aber angewiesen sind auf sein Erbarmen, darum bitten wir:

Gemeinde: Herre Gott, erbarme dich (Kyrie)

Aufforderung zum Lobpreis (Gloria)

Gott ist für alle die da, die wissen, wie nötig er für sie ist. Er ist für uns wie ein guter Freund oder eine liebe Freundin, die immer ein offenes Ohr oder eine helfende Hand für uns haben.

---

[13] Der Psalm findet sich mit unterschiedlicher Zählung in allen Regionalteilen des Evangelischen Gesangbuches.

Mit allen, die das in ihrem Leben erfahren haben und immer wieder neu erfahren, loben wir ihn und singen:

Gemeinde: Ehre sei Gott in der Höhe (Gloria)

Eingangsgebet

Gott, lieber Vater im Himmel, zu dir können wir alle Zeit kommen mit unserer Last und unseren Bedürfnissen. Auf dein helfendes Eingreifen dürfen wir uns verlassen.

Wir bitten dich: Schenke uns das Vertrauen auf deine liebevolle Zuwendung, damit wir nicht aufhören, zu dir zu rufen.

Das bitten wir im Glauben an deinen Sohn Jesus Christus, der uns Mut macht zum Beten: gestern, heute und in alle Ewigkeit.

Gemeinde: Amen

SCHRIFTLESUNG
Lukas 18,1–8a

Gemeinde: Halleluja

GLAUBENSBEKENNTNIS

LIED
Du meine Seele singe (EG 302,1–2.5–6(7))

Predigt

LESUNG
Lukas 11,5–10

Liebe Gemeinde!

Ein ungewöhnliches Gleichnis, das Jesus hier im ersten Teil unseres Predigttextes erzählt. Da hat jemand einen Freund, der ihn nachts aufsucht, ihm von einem überraschenden Gast berichtet und um drei Brote bittet. Und Jesus fragt seine Zuhörer: Wer von euch würde nicht so handeln wie dieser gebetene Freund und dem Bittsteller trotz aller schwierigen Umstände mitten in der Nacht die drei Brote geben?

Dieses für uns auf den ersten Blick ungewöhnliche Gleichnis war für Jesu Zuhörer alles andere als ungewöhnlich. Das, was Jesus hier schildert, war in den Dörfern Palästinas eine Selbstverständlichkeit. Da kommt mitten in der Nacht ein Reisender zu einem Freund, und der orientalischen Gastfreundschaft entsprechend darf er selbstverständlich mit Bewirtung rechnen. Und wenn der Gastgeber für den unerwarteten Besuch kein Brot mehr hat, dann kann er seinerseits mit aller Selbstverständlichkeit einen Freund aus dem Bett klopfen mit der Bitte: „Mein Freund, sei so gut und hilf mir aus …". Und wenn der aus dem Bett Geklopfte ihn dann nicht um der Freundschaft willen hilft, so doch um der Selbstverständlichkeit willen. Denn sonst würde er am nächsten Tag im Dorf mehr als nur beschämt dastehen.

Das, was nun in den Dörfern Palästinas zur Zeit Jesu so selbstverständlich war, ist für viele heute eine fremde Welt. Einen Freund oder eine Freundin, auf den oder die man sich verlassen kann, einen Freund oder eine Freundin, an den oder die man sich mit seiner Not und seinen Problemen wenden kann, sind in unserer Zeit selten geworden. Und wehe es kommt noch jemand nach Feierabend, um etwas im Laden zu kaufen, oder um ein Formular bei einem Beamten abzugeben, oder um einen Handwerker noch schnell um eine Hilfeleistung zu veranlassen, dann merken wir sehr bald, dass dergleichen Dinge ganz und gar nicht selbstverständlich sind.

Als Jesus sein Gleichnis erzählte, konnte er ganz gewiss sein, dass ihm alle seine Hörer zustimmen können: „Ja, so ist es. So wie der gebetene Freund handelt jeder: Das Klopfen hören, aufstehen, der Bitte entsprechen." Dieser gebetene Freund steht deshalb auch im Mittelpunkt unseres Gleichnisses. Er ist jemand, auf den man sich verlassen kann. Er ist eine verlässliche Adresse, an die man sich mit seinen Bedürfnissen wenden kann. Und Jesus geht davon aus, dass der Geweckte keine saure Miene zeigt, auch wenn er wegen der damit verbundenen Unannehmlichkeiten allen Grund dazu hätte, sondern dass er in aller Selbstverständlichkeit hilft. Auf diese Selbstverständlichkeit aber, liebe Gemeinde, kommt es in unserem Gleichnis an.

Denn jetzt kommt für Jesus die eigentliche Pointe des Gleichnisses: So wie der gebetene Freund, meint Jesus, so ist Gott. So selbstverständlich wie der gebetene Freund, so selbstverständlich hilft Gott. Wenn schon dieser Freund, mitten in der Nacht gestört, trotz aller damit verbundenen Unannehmlichkeiten nicht zögern wird, die Bitte des in Verlegenheit geratenen Nachbarn zu erfüllen, um wie viel mehr wird Gott nicht zögern zu helfen, wenn er gebeten wird! Er hört die, die in Not sind. Er greift rettend ein. Er tut mehr, als sie erbitten. Darauf könnt ihr euch mit aller Gewissheit verlassen.

2000 Jahre haben sich ins Land gezogen, seit Jesus dieses Gleichnis erzählt hat. Menschen haben sich in dieser Zeit geändert, Lebensumstände, Kulturen. Gastfreundschaft und Nachbarschaftshilfe auf den Dörfern sind keineswegs mehr selbstverständlich. Auch die Gottesbilder von uns Menschen haben sich geändert. Und immer mehr ist heute dies die Frage: Gibt es bei all diesen Veränderungen etwas Festes, auf das wir uns wirklich verlassen können. Können wir uns bei all den veränderten Vorstellungen von Gott wirklich noch auf ihn verlassen? Können wir ihm unser Leben anvertrauen – ganz und gar?

Angesichts gerade dieser Fragen, tut es gut, die Antwort zu hören, die Jesus darauf gibt, bis heute. Und er sagt uns: Auf Gott könnt ihr euch nach wie vor verlassen. Er ist auch heute noch wie dieser gebetene Freund, der selbstverständlich und bedingungslos hilft. Er ist so ein verlässlicher Freund oder Freundin, deren wir so sehr bedürfen, nach denen wir uns vielleicht auch so sehr sehnen, und die doch so selten geworden sind in unserer Zeit. Und er hilft auch heute noch so selbstverständlich wie der um Mitternacht geweckte Familienvater im Gleichnis. Darauf könnt ihr euch ganz und gar verlassen.

Nun ist in unserem Gleichnis aber nicht nur vom gebetenen Freund die Rede. Unser Gleichnis erzählt auch vom bittenden Freund. Und auch sein Tun ist nach damaliger palästinischer Sitte selbstverständlich. Er weiß, dass er dringend drei Brotfladen braucht, damit sein nächtlicher Besucher etwas zu essen bekommt. Und er weiß, dass er sich selbstverständlich auch in dieser mitternächtlichen Zeit an seinen Freund wenden kann und dort Hilfe erfährt.

Viele von uns würden sich das dreimal überlegen, selbst bei guter Nachbarschaft und Freundschaft, ob man nun um Mitternacht einen anderen rausklingelt, Gefahr läuft, ein ganzes Haus zu wecken. Schon oft genug ist es vielen von uns peinlich, jemanden bei Tag um eine Gefälligkeit zu bitten. Der nächtliche Bittsteller in unserem Predigttext hat dagegen keinerlei Skrupel. Sein Tun ist eben in der Zeit Jesu selbstverständlich gewesen.

So etwas ist ja leider bei uns heute selten geworden: Dass da die Nachbarin kommt mit einer kleinen Schüssel in der Hand und um etwas Salz bittet, das zum Würzen des Essens fehlt, weil sie vergessen hat, welches einzukaufen. Das ist heute selten geworden, dass da jemand mit einem Topf in der Hand dasteht und sagt: „Frau Nachbarin, kann ich wohl mal bitte …?" Und auch das ist selten geworden, dass da ein guter Freund oder eine gute Freundin kommt mit einer Sorge im Herzen und der Bitte: „Hast Du mal ein wenig Zeit für mich, ich brauche mal jemanden zum Reden?" Selbst bei uns Pfarrern ist so etwas selten geworden, obwohl wir doch eigentlich genau dafür da sind.

Was heute seine Selbstverständlichkeit verloren hat, war zu der Zeit, als unser Gleichnis erzählt wurde, noch selbstverständlich. Und wiederum gilt: Auf diese Selbstverständlichkeit kommt es Jesus an. Der Evangelist Lukas macht uns das in unserem Predigttext ganz deutlich: Wie dieser Bittsteller sich selbstverständlich mit seinem Bedürfnis an seinen Freund gewandt hat, so sollte es für uns selbstverständlich sein, dass wir uns mit allem, was uns bewegt, an Gott wenden. Ist Gott der gebetene Freund, mit dessen Hilfe wir alle Zeit rechnen können, so dürfen wir die Rolle des bittenden Freundes einnehmen, und uns mit der Not, die uns belastet, zu Gott aufmachen.

In unserem Gleichnis ist – das dürfte uns allen jetzt deutlich sein – vom Gebet die Rede. So steht denn auch dieses Gleichnis im Lukasevangelium direkt hinter dem Vaterunser. Das Gleichnis will uns sagen: Habt Mut zum Bitten! Habt Mut zum Beten, denn im Gebet findet ihr die Hilfe Gottes. Ja mehr noch: Im Gebet findet ihr Gott selbst. Er ist wie der gebetene Freund, und ihr seid wie der bittende Freund.

In unserer an Freundschaft armen Welt, liebe Gemeinde, ist diese Botschaft unseres Predigttextes noch wohltuender als zur Zeit Jesu. In einer Zeit, wo jeder oder jede nur noch für sich selbst lebt und man sich auf kaum jemanden mehr verlassen kann, ist es noch wichtiger zu wissen, dass Gott für uns da sein will und wir uns vertrauensvoll an ihn wenden können.

Das drücken auch die Verse aus, die uns so gut bekannt sind: *Bittet, so wird euch gegeben, suchet, so werdet ihr finden, klopfet an, so wird euch aufgetan. Denn wer da bittet, der empfängt, und wer da sucht, der findet, und wer da anklopft, dem wird aufgetan.* Mit diesen Worten macht Jesus uns Mut, Gott zu bitten, weil er so ein guter Freund ist, der geben will. Jesus macht uns Mut, Gott zu suchen, denn Gott ist wie eine liebevolle Freundin, die sich finden lassen will. An seine Tür dürfen wir anklopfen, denn er will sie öffnen.

Das, was Jesus hier verheißen hat, ist eine Erfahrung, die viele Christen zu allen Zeiten gemacht haben: *Bittet, so wird euch gegeben.* Und doch gibt es ja auch viele scheinbar nicht erhörte Gebete. Als ich einmal mit einem Kollegen über den heutigen Predigttext nachdachte, erzählte ich ihm von einem Mann, der seit zwanzig Jahren täglich vergebens ein Anliegen vor Gott bringt. Und auf die Rückfrage: „Wie geht der Mann damit um?" wusste ich nur zu berichten: „Er betet weiter". Ist Gott für diesen Mann also nicht der helfende Freund? Hört Gott ihn nicht? Ist sein Gebet vergebens? Ich denke nicht. Denn dieser Mann erfährt seit zwanzig Jahren, wie ihm täglich im Gebet eine Last abgenommen wird. Er erfährt seit zwanzig Jahren, dass er bei Gott anklopft und ihm aufgetan wird. So erfährt er Hilfe.

Ich habe Ihnen von diesem Mann deshalb erzählt, um deutlich zu machen: Es geht im Gebet nicht darum, dass alle unsere Wünsche erfüllt werden. Und Jesus hat uns auch nicht verheißen, dass Gott uns alles das geben wird, worum wir ihn bitten. Wichtig ist beim Gebet doch nicht in erster Linie, dass Gott alles das tut, was ich von ihm möchte. Sondern wichtig ist, dass ich in der Lage bin, mit Gott zu reden, dass ich mich traue, ihn zu stören. *Bittet, so wird euch gegeben* – das heißt dann auch, dass Gott nicht allein da gibt, wo mein Wunsch erfüllt wird. *Bittet, so wird euch gegeben* – das geschieht auch da, wo ich mit Gott rede und er sich mir zuwendet. Aber – und das ist dann auch eine Erfahrung, die viele Christen bis in unsere Zeit hinein machen – Gott erhört auch Bitten in ganz direkter Weise. Und es lohnt sich, beharrlich zu bleiben.

In einer Welt, in der gute Freunde und Freundinnen so selten geworden sind, kann uns das Gebet etwas von der Freundlichkeit Gottes erfahren lassen. In einer Zeit, wo wir unser Herz gern jemandem ausschütten möchten und keiner da ist, kann uns das Gebet zu dem Ort werden, wo wir an der Tür Gottes anklopfen und er uns auftut. In einer Zeit, wo wir so dringend jemand suchen, auf den wir uns verlassen können, dürfen wir die Verheißung Jesu hören: *Wer da sucht, der findet.*

Wie der gebetene Freund im Gleichnis, sagt Jesus, so ist Gott. Er will sich von uns stören lassen, morgens, mittags, abends oder auch mitten in der Nacht. Er gibt, wenn wir ihn bitten. Er lässt sich finden, wenn wir ihn suchen. Er öffnet uns die Tür, wenn wir anklopfen.

Ein Gebet, mit dem wir das immer wieder tun dürfen, ist das Vaterunser. Auch dieses Gebet, das Millionen von Christen täglich beten, scheint oft nicht erhört zu werden. Wer sieht schon etwas davon, dass Gottes Name geheiligt wird, sein Reich kommt und sein Wille geschieht. Und doch vollzieht sich dies alles schon ein Stück weit allein dadurch, dass wir Gott im Gebet darum bitten, und dass wir darauf vertrauen, dass er diese unsere Bitten erhört. Das Gleiche gilt auch von den übrigen vier Bitten des Vaterunser.

Und das entspricht auch der Erfahrung vieler Millionen Christen mit dem Vaterunser: Wenn sie mit diesem Gebet Gott bitten, machen sie ganz oft die Erfahrung, dass ihnen gegeben wird. Wenn sie im Sinne dieses Gebetes Gott suchen und zuerst Gottes Anliegen und dann erst ihre eigenen vor Gott bringen, finden sie ihn immer wieder neu. Wenn sie mit den Bitten des Vaterunser bei ihm anklopfen, merken sie stets aufs Neue, wie ihnen aufgetan wird.

Gott ist für uns wie ein liebevoller Vater, eine fürsorgliche Mutter oder ein guter Freund. Darauf können wir uns verlassen und darum können wir uns mit allem, was uns auf dem Herzen liegt, an ihn wenden. Gott ist immer für uns da, die wir wissen, wie nötig wir ihn und seine Gaben haben. Amen.

LIED
> Nun lasst uns gehen und treten (EG 58,1.6–11)

Fürbittengebet

Gott, Vater im Himmel, du bist wie ein helfender Freund und wie eine liebende Freundin. Du gibt, wenn wir dich bitten, lässt dich finden, wenn wir dich suchen; öffnest uns, wenn wir bei dir anklopfen.

Im Vertrauen auf deine Hilfe bitten wir dich für die Menschen in den Krisengebieten unserer Erde: Für die im Krieg und vom Krieg Bedrohten, für die unter Hunger und Durst Leidenden, für die von Krankheit und Tod Geplagten. Komme mit deinem Reich des Friedens, der Gerechtigkeit und der Freude zu ihnen und zeige uns Wege, ihnen zu helfen.

Im Vertrauen auf deine Hilfe bitten wir dich für deine Kirche auf Erden, dass sie deine Freundlichkeit bezeugt und in Eintracht zusammenlebt, dass sie das Hören auf dich und dein Wort nicht vernachlässigt und am beharrlichen Gebet festhält.

Im Vertrauen auf deine Hilfe bitten wir dich für die Menschen in unserem Land und in unserer Stadt, insbesondere für alle, die Mangel leiden am Allernotwendigsten: Um Genesung unserer Kranken, um einen neuen Anfang für die Gescheiterten, um Vertrauen und Energie für die Enttäuschten, um Trost für die Trauernden. Lass den Einsamen Freundschaft begegnen und den Bedürftigen helfende Hände.

Im Vertrauen auf deine Hilfe bitten wir dich auch für uns selbst, insbesondere für alles das, was wir zu brauchen meinen: um Brot auf dem Tisch jeden Tag, um gute Gesundheit und saubere Luft zum Atmen, um Sonne und Regen zu seiner Zeit, um die Zuneigung unserer Mitmenschen und die Treue unserer Freunde – um all die selbstverständlichen Dinge, die uns immer wieder gegeben werden von dir, unserem Schöpfer und Vater im Himmel.

Im Vertrauen auf deine Hilfe bitten wir dich auch dafür, dass wir selbst das Gute tun, dass wir deine helfenden Hände sind, wo andere sie brauchen; dass wir von denen gefunden werden, die unsere Hilfe suchen, dass wir denen geben, die uns bitten, und dass wir denen auftun, die bei uns in ihrer Not und Einsamkeit anklopfen.

Dich, unseren himmlischen Vater und Freund der Menschen, bitten wir um das alles, denn du hast uns versprochen, dass du helfen und unser Gebet erhören willst. Erhöre unsere Bitten und mach uns bereit für alles, was von dir kommt, durch Jesus Christus, unseren Herrn.

STILLES GEBET

VATERUNSER

SCHLUSSLIED
    Bewahre uns Gott (EG 171,1–4)

SEGEN

ORGELNACHSPIEL